公共管理评论

China Public Administration Review

（第十七卷）

Vol. 17

巫永平　主编

清华大学出版社
北　京

内容简介

《公共管理评论》是由清华大学公共管理学院组织编写、清华大学出版社出版的一份公共管理和公共政策研究的专业学术出版物。第十七卷共收录6篇论文，1篇评论、5篇书评。论文反映了国内外公共管理前沿的一些研究领域的最新进展，包括城镇化空间问题、政府采购、农村、公共服务于居民幸福感等问题。书评是对6本与公共管理相关著作的介绍和评价。

图书在版编目(CIP)数据

公共管理评论. 第17卷/巫永平主编. --北京：清华大学出版社，2014
ISBN 978-7-302-39355-9

Ⅰ. ①公…　Ⅱ. ①巫…　Ⅲ. ①公共管理—文集　Ⅳ. ①D035-53

中国版本图书馆CIP数据核字(2015)第031596号

责任编辑：周　菁
封面设计：赵梅秋
责任校对：王凤芝
责任印制：沈　露

出版发行：清华大学出版社
网　　址：http://www.tup.com.cn，http://www.wqbook.com
地　　址：北京清华大学学研大厦A座　**邮　　编**：100084
社 总 机：010-62770175　**邮　　购**：010-62786544
投稿与读者服务：010-62776969，c-service@tup.tsinghua.edu.cn
质量反馈：010-62772015，zhiliang@tup.tsinghua.edu.cn
印 装 者：北京嘉实印刷有限公司
经　　销：全国新华书店
开　　本：180mm×255mm　**印　张**：10　**字　　数**：211千字
版　　次：2014年12月第1版　**印　　次**：2014年12月第1次印刷
印　　数：1～1800
定　　价：38.00元

产品编号：063362-01

目　录

论文

评论

书评

CONTENTS

Articles

论　　文

基于资本—政府—社会的中国城镇化空间生产运作逻辑研究

乔小勇[*] 张秀吉[**]

摘 要：本文以我国城镇化发展战略及城镇化空间生产过程中出现的空间发展不平衡、空间不平等问题为背景，基于西方空间生产理论以及我国城镇化空间生产本身具有的自然、政治、经济与社会属性，将政治、资本、社会三个元素嵌入中国特色新型城镇化空间生产的时代背景与特殊内涵，试图构建资本—政府—社会"三位一体"的中国城镇化空间生产运作逻辑框架。主要结论如下：空间生产理论研究城镇化问题不同于传统区域、地理、城市等经济学理论，它基于社会学家、哲学家的视角，借助马克思主义的生产理论形成，并非运用经济学理论、数学模型形成主流分析框架，它强调空间生产中的个体及其形成的政治、经济、社会关系，注重社会空间内涵，而不是纯粹的经济空间与地理空间；城镇化空间生产不是单纯的自然过程，它充斥各种政治意识形态、资本运作逻辑与社会关系，在城镇化的复杂系统工程中相互补充、相互依赖；我国城镇化空间生产已经形成以土地为资本的初级循环，符合空间生产规律；城镇化空间生产目标的实现需要政府职能的准确定位与转变优化，以及政府公共权力运行与空间的良性互动；城镇化空间生产不能对现已形成的社会秩序进行破坏与扰乱。

关键词：资本—政府—社会 城镇化 空间生产

一、引 言

全球化使得发达资本主义国家以其雄厚的物质资本以及知识、信息、文化、技术等非物质资本进行全球空间生产要素的重新规划与配置，进而维护自身的权力统治与地位。改革开放以后，中国积极参与全球化的发展浪潮与空间生产规划中，取得的成就、发生的变化令世界瞩目，尤其是中国社会发生的最显著变化之一城镇化，使得5亿多人

本文由北京市教委"社科面上计划项目"及北京工业大学经管学院"中青年拔尖人才培育项目"资助。

* 乔小勇，北京工业大学经济与管理学院副研究员，清华大学公共管理学院博士后。

** 张秀吉，清华大学公共管理学院博士研究生。

口从农村进入城镇,极大改变了他们的空间生产和生活方式。目前,我国城镇化率已超过50%(2011年、2012年分别为51.27%、52.57%),与全球城镇化平均水平基本持平(据《联合国城市化报告》,全球城镇化水平于2009年首次超过50%,2011年年底达到52.1%)。1949年至今,伴随经济体制改革,中国总体上经历了4个城镇化发展阶段:1949—1957年初始起步阶段,1958—1965年大起大落的动荡阶段,1966—1977年停滞阶段,1978年以后经济转轨推动城镇化快速增长阶段(其包括三个阶段,即1978—1984年农村经济体制改革推动下的城镇化发展阶段,1985—1992年城市经济体制改革促进下的城镇化发展阶段,1992年以后社会主义市场经济体制导向下的城镇化发展阶段),见图1。中国正在从一个传统农业大国,大步跨越,剧变为现代城市型国家。当前,我国城镇化的发展到了关键时期,机遇与挑战并存,需要顶层设计与"摸着石头过河"相结合,探索一条具有中国特色的新型城镇化之路。中国特色的新型城镇化发展,就是要注重以人为本、着力解决人的城镇化问题,核心是人的生产和生活方式的转变。

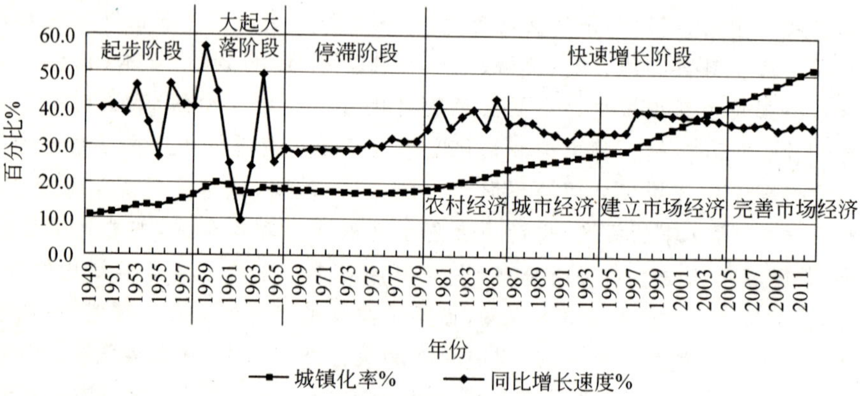

图1 1949—2011年中国城镇化进程和城镇化率递增曲线

西方空间生产理论为考察我国城镇化的空间生产状况提供了视角。在外部全球化、信息化、知识化,内部城镇化、工业化、信息化、农业现代化的共同要求和作用下,空间生产已经成为中国经济发展、综合国力提高的主要驱动力。新型城市空间的建设与发展是我国快速城镇化的重要表现形式,也是我国区域发展战略的重大经济社会实践活动。改革开放以来,在国家工业化、城镇化进程的推动下,城市空间结构形态发生了剧烈变迁,经济特区、开发区、工业园、大学城、文化创意产业园区、综合配套改革试验区、生态城、低碳示范区、软件园、电子商务产业园等不同新型城市空间不断浮现。中国的新型城市空间已形成资本的初级循环,其是资本和空间的城镇化,符合空间生产规律。但是,从我国快速城镇化的空间生产过程看,还存在空间发展不均衡、空间不平等、空间生产效率不高、空间生产只注重"物"的建设等亟须解决的重大问题。面对这些复杂问题,需要一种具有高度概括性的理论和视域进行支撑,空间生产理论正适合了这种要求。如今的城镇化问题使学界更加重视马克思主义理论的空间化转向,并为城市研究打开了新的视野。"空间范畴、空间理论在当代社会理论研究中的重新兴起,其原因是多方面的"，这主要与人们所遭遇的全球化、城镇化等重大问题相关。一方面，面对这些不易解决的复杂性问题，人们需要一种具有高度概括性的理论和视域，而空间范畴及空间理论正适合了这种要求；另一方面，这些问题也使人们对城镇化空间生产过程中公共权力、资本逻辑、社会关系的重新审视和理解进入新阶段。

实际上，空间生产和空间批判问题的提出既是一个理论逻辑的发展进程，更是一个实践发展的进程，尤其是随着城镇化的大规模展开，空间生产才真正作为一个社会问题在理论上被自觉地加以反思和批判。作为理论逻辑的发展进程，空间问题被作为社会理论研究的核心问题，其提出也是对经典社会理论中空间缺失现象反思和批判的直接结果，即经典社会理论中没有给空间问题足够重视和应有地位的缺陷日益显露。20世纪下半叶以来，在社会学领域，以列斐伏尔（Henri Lefebvre）、福柯、卡斯泰尔（Manuel Castells）、哈维（David Harvey）等为代表掀起了新马克思主义空间批判的热潮。他们对空间的社会性、空间与权力、空间—资本—社会的辩证关系的论述，将空间生产提到政治经济学和意识形态的高度，推动了社会学理论的空间转向。资本主义国家的城镇化与具有中国特色的新型城镇化本质与目的有显著的差别。在资本主义社会，城镇化是资本的城镇化、空间的城镇化，空间作为生产要素参与物质生产过程，与空间相关的一切都成为生产剩余价值的中介与手段，空间及空间生产成为统治阶级的政治工具。当前，我国已经在全球空间生产的背景下掀起了大规模的城镇化空间生产运动，具有中国特色的社会主义本质使得我国的城镇化空间生产有其自身特殊的历史价值与时代内涵。空间的历史建构实质是空间本身的生产。**一方面，空间是政治、经济、社会实践的产物；另一方面，空间的生产不是单纯的自然过程，它是人口和生产资料空间重置的过程，它是资本突破空间障碍、追逐剩余价值的介质、手段和结果，它是充斥各种政治意识形态的产物，它在创造各种自然物质产品的同时也创生各种社会关系**。此外，从世界各国城镇化的经验看，其动力可以分为政府动力、市场动力、民间社会动力。因此，本研究将政治、资本、社会三个元素嵌入中国特色新型城镇化发展的时代背景与特殊内涵，基于列菲伏尔、卡斯泰尔以及哈维的空间生产理论思想，试图构建资本—政府—社会"三位一体"的中国城镇化空间生产运作逻辑框架，以期从空间生产视角完善中国城镇化空间生产的理论体系，进而为研究城镇化相关问题的官员、学者等提供参考和借鉴。

二、空间生产与城镇化相关研究综述

1. 空间生产相关研究综述

在经典马克思主义理论体系中，尽管马克思有强烈的地理和空间直觉，在城镇与乡村的对立中隐晦地表达了对空间的某种程度的强调。但是，马克思忽略了历史进程中空间的自主力量，空间只是被视为诸如生产处所、市场区域之类的自然语境。然而，自20世纪60年代以来，面对资本主义国家普遍出现的城市危机（主要表现为城市中心区的衰败、经济重建与城市财政危机以及城市骚乱与社会运动），一些学者纷纷求助于马克思主义的知识传统,在此基础上逐渐形成了新马克思主义空间理论。其主要代表人物有列菲伏尔、卡斯泰尔以及哈维等。

康德从哲学角度第一次系统地界定地理学为专门的空间科学。20 世纪 50 年代以前,以赫特纳(Alfred Hettner)、哈特向(Richard Hartshorne)为代表的**区域学派**继承和发扬了康德将地理学视为一门空间科学的传统,视空间为“被填充的容器”。以舍费尔 1953 年发表的挑战区域学派的论文为开端,倡导**地理学**是一门追求普遍法则的科学的实证主义地理学逐渐于 20 世纪 60 年代兴起。这一学派的地理学家倾向于诉诸区位论的传统,并力图借助数学模型等工具发现空间“模式”或“法则”,推崇城市地理学家克里斯塔勒的“**中心地**”理论,它在实质上是一种城市空间形态学或几何学,实证主义地理学以及在此影响下的城市地理学研究范式,实际上是一种“物化”(fetishism)的空间理论(杜能—克里斯塔勒等古典区位论者及其后的空间分析学派的“空间”主要是完全理性经济人的空间,“人”的社会政治属性、行为、个性、情感和价值观等重要问题,却被回避了),它尽量避免对空间的价值判断,因而忽视了塑造“空间”的个体以及政治和社会关系。因此,它对 60 年代后期资本主义世界发生的一系列社会、政治和经济危机,以及因为种族、社会阶层分化形成的市区与郊区的城市空间分化和隔离问题,已不能予以合理解释和应对,致使“区位理论以及实证主义地理学与现实世界空间问题的差距越来越大”。此外,空间经济学研究经济活动的空间差异,它从微观层次探讨了影响企业区位决策的因素,在宏观层次上解释了现实中存在的各种经济活动的空间集中现象。城市经济学用经济分析方法,分析、描述和预测城市现象与城市问题,其研究重点为探讨城市重要经济活动的状况,彼此间的互动关系,以及城市与其他地区和国家的经济关系等。近 10 年来,以克鲁格曼(P. Krugman)等人为代表的新经济地理学研究异军突起,它是当代西方经济学领域中继新产业组织理论、新贸易理论、新增长理论之后出现的第四次“新经济学”研究浪潮。它采用收益递增—不完全竞争模型的建模技巧对空间经济结构与变化过程进行重新考察,其目的在于将经济地理分析纳入主流经济学的范畴之中。可以看出,区域经济学是由经济地理学逐步演化而来的,是经济学与经济地理学结合的产物,是一门研究经济空间问题的应用性经济学科。它运用经济学观点揭示区域与经济的相互规律,注重研究生产要素资源在一定空间(区域)的优化配置和组合,同时,区域经济学研究的区域是具有经济属性的区域,即研究的是特定地理空间范围内的经济空间问题,并没有将社会空间纳入主流研究范畴。空间经济学是一门研究经济空间问题的基础性、理论性经济学科,空间经济学可作为区域经济学的重要理论基础,同时,空间经济学强调经济的空间配置、空间分布、空间过程,即主要指经济意义上的空间含义(即经济空间),不是地理意义上的空间含义(即地理空间),更不是社会意义上的空间含义(即社会空间)。实证主义地理学以及在此影响下的城市地理学研究范式,实际上是一种“物化”的空间理论,偏重借助数学模型等工具发现空间“模式”或“法则”。它尽量避免对空间的价值判断,忽视了空间生产过程中的个体及其形成的各种社会关系,无法解释资本主义出现的经济、社会、政治危机。城市经济学是城市经济学用经济分析方法,分析、描述和预测城市现象与城市问题。它以城市的产生、成长，最后达到城乡融合的整个历史过程及其规律，以及体现在城市内外经济活动中的各种生产关系为研究对象，同时其是区域经济学下的三级学科，所以，城市经济学对于空间的研究与区域经济学具有相似之处，即并没有将社会空间纳入主流研究范畴。克鲁格曼、藤田等学者的新经济地理学派的宗旨是将经济地理学，即区域经济学带进主流经济学的殿堂，其分析区域问题运用的是主流经济学分析模型框架，其理论基石建立在三个命题之上，即收益递增、不完全竞争模型、运输成本。同时，以克鲁格曼等为代表的主流派经济学家重新审视了空间因素，把以空间经济现象而非政治、社会现象作为研究对象的区域经济学、城市经济学等传统经济学科统一起来，构建了"新经济地理学"。与以上各领域、学派不同的是，空间生产理论以空间作为研究对象，是基于社会学家、哲学家的视角，借助马克思主义的生产理论形成的，并非运用经济学理论、数学模型形成主流分析框架。同时，它是社会理论研究的基础性和核心问题之一，强调空间生产中的个体及其形成的政治、经济、社会关系。

近年来，空间与社会的哲学研究逐渐受到重视。国外学者更重视对马克思社会批判思想的空间化研究；国内学者则通过研究马克思主义理论的空间化转向，研究中国社会转型中的城镇化与空间问题。国外相关的理论主要为列斐伏尔的空间生产与空间三元辩证法理论、哈维的弹性资本积累与希望空间理论、索亚的后现代地理学与第三空间理论等。而国内学者的研究主要从以下三个方面展开：①历史唯物主义的社会时空理论；②不少学者从马克思的"世界历史"理论出发探讨全球化问题；③从空间视角探讨当代资本主义生产方式与积累方式。国内的相关研究系统性不强，目前主要停留在对国外理论的引进或评述层面。空间的生产是新马克思主义城市学派和马克思主义地理学的一个关键概念。城市空间的生产指资本、权力和阶级等政治经济要素和力量对城市的重新塑造，从而使城市空间成为其介质和产物的过程。从 20 世纪 70 年代开始，西方社会科学界和城市学界掀起了研究城市空间生产问题的风潮。尤其是新马克思主义城市学派和马克思主义地理学派，对城市空间的生产这一问题进行了持续探讨，积累了较为丰富的理论成果和实践经验。受此影响，国内学界近年来也开始关注和引介"空间的生产"的理论，并以之解释国内的城市现象尤其是城镇化问题。因此，无论从现实生活还是从理论发展看，城市空间的生产尤其是基于城镇化的空间生产理论在我国已经成为一个至关重要的、迫切需要研究的学术问题。

20 世纪 90 年代以来，随着城镇化的高速推进，中国城市空间形态和结构发生了新的重大变化，亟须新的理论解释和应对。国内空间研究领域的多位学者认为，如今的城镇化问题使学界更加重视马克思主义理论的空间化转向，并为城市研究打开了新视域。经过重新阐释的空间范畴为城市研究打开新视域；人化空间、空间生产等范畴，为人们重新理解、重新发现城市的本质提供了新视角；在空间生产视域中，城市不再是建筑、道路、广场等"物"的聚集体，而是天、地、人等复杂要素相互作用的开放有机生命体，一个由人创造、改变，同时又受自然、环境、区域、文化等多种因素影响的人化空间、可能性空间；人化空间、空间生产理论，也为人们更加全面地理解城市的发展提供了新向度。通过文献分析和比较可以得出，空间的生产理论在批判传统的将空间视为容器和无价值判断的空间观的基础上产生;借助马克思主义理论并将之与空间问题相结合,西方地理学界和城市学界在空间的生产问题上已经积累了丰富的理论成果和实践经验。国内学界对它的研究较为迟滞,缺乏突出的案例研究,目前还处在引介和初步应用的起步阶段,但在近年来也兴起一股以多学科共同研究为特征的风潮。90年代以来,城市空间的生产问题在中国逐渐变得突出,预示它将是一个重要而有潜力的研究方向。有研究通过对空间生产理论的梳理与分析指出,新马克思主义空间理论及其主要代表人物列菲伏尔、卡斯泰尔以及哈维将马克思主义生产理论与空间问题、理论相结合,从政治、资本、社会等角度综合分析了空间生产理论的逻辑运作机理,为研究我国城镇化的发展提供了理论依据和实际借鉴。

2. 城镇化相关研究综述

城镇化是一个复杂、多方面的过程,涉及从农村向城市区域的人口迁徙、农村和城市土地转化、空间资源的重新分配、政府治理和管理的改变等。在当前国际和国内双重条件的约束下,决定了中国城镇化的特殊过程和特殊道路。我国的城镇化不但具有普遍性,也有其特殊性,是在"双重转型"背景下进行的,具有"双重城镇化方向",体现"双重动力机制",表现为"双重发展模式"和"双重推动主体"的城镇化。总体上,中国城镇化的特点概括为四个方面:①中国的城镇化是史无前例的,由于历史的延续以及当前时代的独特特征,中国城镇化需要在双重视角下研究;②城镇化是多视角的社会空间生产过程;③城镇化包括城市和农村的关系,这些关系需要从城市而不是农村的视角研究;④中国的城镇化虽然与全球化过程相伴,但主要是中国通向其现代化的内生过程。这也使得近20年来中国城镇化的关注点主要集中在政府、经济结构及其相关政策上。

自1978年实行改革开放以来,我国的经济增长进程进入了一个新时期,城镇化也得以快速发展,市场经济下的城镇化规律开始日益显现,对我国城镇化以及城市空间结构问题的分析,更需要从市场经济和空间生产的视角寻求答案。在此期间,中国的城镇化阶段可以分为三个阶段:①1978—1984年,农村经济体制改革推动下的城镇化发展阶段,城镇化率由17.9%增长为23.0%;②1985—1992年,城市经济体制改革促进下的城镇化发展阶段,城镇化水平由23. 7%增长到27.5%;③1992年以后,社会主义市场经济体制导向下的城镇化发展阶段,市场经济的建立与完善使得城镇化进程步入一个新时期,注重质的提升成为这一时期城镇化进程的主要特征,城镇化率由1993年的28.0%快速增长到2011年的51.3%。运用2000年人口普查数据,以中国珠江三角洲城镇化为例研究转型经济体的双轨制城镇化,笔者认为:①改革开放后中国城镇化是混合了旧计划经济和新兴市场经济的城镇化模式;②20世纪80～90年代,新兴城市中显示的是有选择的集聚和分散的城镇化过程;③在90年代后期,新的城镇化趋势是由中心城市向主要城市中心集聚。有研究探索了中国改革开放以后城镇化出现的新趋势,构建了中国改革前后的城镇化过程理论框架,认为其他市场经济国家和经过改革的社会主义国家的城镇化进程与中国是无法相比的,同时通过研究得出中国城镇化进程中出现的三条悖论。

中国特色的新型城镇化发展，是注重以人为本、着力解决人的城镇化问题，核心是人的生产和生活方式的转变。1978 年以来，中国经历了世界上史无前例的城镇化过程。运用时间序列和截面数据，评估农村向城市移民对于中国 1978—1999 年城镇化发展影响，得出结论：农村向城市移民对中国城镇化水平的提高做出了主要贡献，中国经济的增长受益于移民潮。农村和城市收入差距刺激了跨省的移民，省内移民的数量与农村—城市的收入差距以及城市人口数量呈正相关。(Kilinc 和 Gulersoy)以土耳其为例研究了行政区划调整对于城镇化的影响，分析了 1990—2010 年土耳其行政区划变化、空间和人口对城镇化发展水平的影响。其研究发现，相比行政区划调整，经济和人口因素在决定城镇化水平中起更重要作用。

城镇化和城市的扩展不一样，城市扩张是以土地为中心，由地方政府对土地财政的渴求而产生。城市建设变成当地政府的竞争行为，城市通过基础设施建设进行扩张，开发区的建立和行政调整扩展了城市空间，使得在没有改变整体景象和经济的基础上扩张了城市人口，进而推动城镇化发展。而我国的城镇化速度脱离了循序渐进的原则，忽视了质量与可持续发展，存在着以城市扩张代替城镇化的现象，城镇化总体呈现泡沫化倾向。我国的人口城镇化发展速度总体上低于土地城镇化速度。长期以来各个地方都把推进城镇化简单地等同于城市建设，过分注重城市建成区规模的扩张，忽视了城市人口规模的集聚，把农业的转移人员仅仅当作生产者、当作劳动力，而不愿意接受他们本人和他的家属进入城市成为市民，结果导致现在比较严重的城镇化滞后于工业化，人口城镇化滞后于土地城镇化的发展现象。运用系统特征解释中国的城镇化滞后现象，城镇化滞后被定义为是在工业化率高增长的同时却没有相应的城市人口增长，其被视为典型的社会主义经济现象，尤其在中国特别明显。实际上，这种滞后是一种相对的滞后，突出的问题在于质量、效率和均衡性还应当进一步提高。我国 9 个超大城市基本处在现代化初级阶段，二元结构仍然十分突出，虽然我国城镇化质量正在提升，但提质速度仍然慢于提速速度。从比较经济增长率和城镇化率看，我国的城镇化一直处于低效状态，城镇化严重滞后于经济增长，尤其是中部地区两种效率都不高。我国区域间城镇化水平极不平衡，城镇化基尼系数较大，虽然不平衡程度在不断降低，但是下降速度在不断减缓。

快速推进的城镇化导致土地发生明显的改变，可耕作土地显著减少，对人类的食品安全造成威胁，因此需要理解城镇化对于土地使用改变的影响。有研究者介绍了城镇化政策对土地使用影响的动态机制，定义了中国城镇化滞后的四种典型政策场景，即依靠规划的平衡发展、依靠规划的不平衡发展、依靠市场的平衡发展、依靠市场的不平衡发展。在我国改革发展的历史进程中，土地始终是一个带有全局性、根本性和战略性的重大问题。我国当前实施的是确保 18 亿亩耕地红线为目标的“世界上最严格的耕地保护制度”，中央为此建立了一整套集权式的土地计划管理体制，每年地方政府能够报审并实施的建设用地指标需要中央计划逐级分解下达。有研究者运用遥感技术和 GIS 方法研究了 1996—2006 年中国城镇化过程中农田损失对可持续发展的影响，并对农田损失的时空轨迹进行了分析。其研究指出，1996—2006 年农田损失较为严重，使得农田变得支离破碎。伴随城镇化过程，城市发展与农田保护之间的矛盾越来越激烈，并且农田的损失及其开发利用的空间碎片化，对城市可持续发展和粮食安全将会造成影响。

推进城镇化的过程是资源和要素在空间上优化的过程，这其中，最重要的是土地资源的集约利用、高效配置。有研究者研究了城镇化过程中的土地利用模式。作者认为，城市区域的土地利用模式由城镇化过程的人类行为变化引起，土地空间模式对于生态系统功能有深远的影响，地形多样性是代表土地空间模式的有效指标，然而，土地多样性的动态机制如何应对城镇化挑战以及与其他土地模式的关系并没有被充分讨论。有研究者利用多变量回归模型预测了上海城市地下空间的使用需求，量化分析了城市地下空间的使用数量与其他城市因素，比如人口密度、人均 GDP 和房地产价格的关系。预测结果表明，人口密度和人均 GDP 对于城市地下空间的使用分别具有独立的正向影响关系，房地产价格的影响被这两个因素抵消。此模型可以作为未来城市总体规划研究的基础。Yor Shrestha 等研究了城镇化背景下的土地碎片化问题。Yor Shrestha 等运用美国 1992—2001 年的全国土地数据分析土地碎片化的趋势，得到两个结论：城市区域的扩张导致郊区和周围区域的土地碎片细碎化，城市先前开发区域的碎片化。同时，Yor Shrestha 等基于相关文献和当地政府视角，指出土地碎片化的五个相关因素，即水文条件、人口机制、交通条件，地理形态和相关制度。十八届三中全会发布的《中共中央关于全面深化改革若干重大问题的决定》提出，“全面放开建制镇和小城市落户限制，有序开放中等城市落户限制，合理确定大城市落户条件，严格控制特大城市人口”，为下一步城镇化发展指明了战略方向。

三、城镇化过程中我国新型城市空间生产形态演进特征研究

在国家工业化、城镇化进程的推动下，伴随计划经济体制向社会主义市场经济体制的转型，城市空间结构形态发生了新的剧烈变迁，经济特区、开发区、工业园、大学城、文化创意产业园区、综合配套改革试验区、生态城、低碳示范区、软件园、电子商务产业园等种种新型城市空间不断出现，这种转型时期大规模、快速的“城市革命”，正在塑造一个新的概念——中国新城。

中国城镇化已步入中期阶段，质量显著提高，城镇化率已超过 50%。但是，伴随城市规模的无限制扩大和城市人口的迅猛增长，城镇化过程出现了一些问题，如生态环境恶化、产业结构趋同、中心区人口密集、交通拥挤、生活居住条件变差、失业人口增多、社会秩序混乱等。这些问题的叠加交错极大制约了我国城镇化发展的质量和水平，以及整个经济社会的可持续健康发展。目前，中央政府推行的扩大内需、拉动经济增长的政策措施，有助于启动新一轮城镇化进程。新一轮的城镇化浪潮不仅是城市体量的扩张和城市质量的更新，更意味着城市文脉的延伸和城市生活的再造。21 世纪是城市的世纪，中国的城镇化必须走出一条具有自身特色的新型城镇化道路。在科学发展观的指导下，新型城镇化道路将坚持实施可持续发展战略，倡导“人口、资源、环境、发展”四位一体的有机协调，实现城乡公共服务均质化，加快城乡一体化进程，以建设现代城市和社会主义新农村的共同任务为出发点，推动社会经济发展方式转型，建立“集群型、生态型”城市与“循环型、低碳型产业”以及可持续的城乡协调发展新模式。新型城镇化发展道路赋予了我国新城建设新的内涵与意义。在当前全球经济一体化、

信息一体化、生态一体化、文化多元化以及我国新型城镇化建设、转变经济发展方式的大背景下，我国新城建设将蕴含全新的机遇与挑战。

新城建设是我国解决城镇化问题和提高城镇化质量与水平的重要途径之一，是中国城市现代化的根本出路和选择方式，也是中国现代化道路的重要探索过程。中国的城市发展经历了经济特区、开发区、工业园、大学城、文化创意产业园区、综合配套改革试验区、生态城、低碳示范区、软件园、电子商务产业园等种种空间发展形式，这些空间形态的变化以及新城建设的意义，值得我们重新审视与深刻思考。纵观世界各国新城的成功建设案例，基本都在遵循“城市更新与新城拓展相结合”基本理念的基础上，为顺应时代的要求和各自国情而实践和创新。在中国经济快速发展、城镇化持续推进的大背景下，新城建设受到高度重视，既有其客观必然性，也有主观能动性。摆在我们面前的事实是：中国的新城建设已经取得一定的成就，同时也出现了一些偏离自然、经济和社会规律的问题。

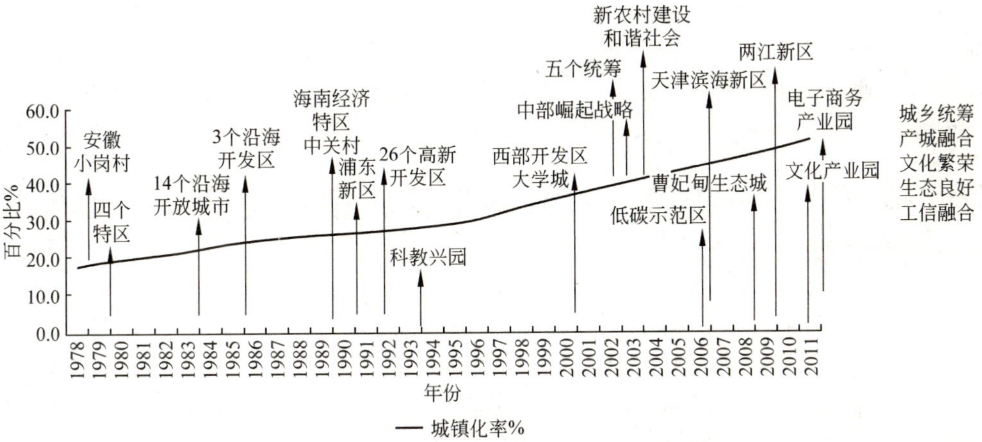

图 2　中国城镇化演进过程中产业园区特征趋势图

资料来源：基于清华大学建筑学院武廷海教授的“中国新城/新区发展历程图”整理。

改革开放以来，中国现代化建设的重心已经移向了城市，城市在国家和区域现代化过程中发挥了越来越重要的作用。改革开放初期 4 个经济特区的设立、14 个沿海开放城市确定，初步形成沿海城市快速发展的格局，从此，城市在国家经济社会发展和空间战略推进过程中被提升到前所未有的重要高度。国家通过城市发展重点的选择、迁移和演进，推进区域和国土层面的空间战略实施。改革开放后，不同时期的经济社会发展孕育了具有不同特点的新型城市空间的出现，总的概括起来有“产城融合、城乡统筹、文化繁荣、生态文明、工信融合”，这几个特点涵盖了生产、生活、生态三个方面。本研究认为，“产城融合”贯穿了整个城镇化的发展过程，不同的形态下的新城都需要相关的产业进行支撑，如文化创意产业、现代都市农业、信息与软件服务业等。“产城融合”即产业与城市融合发展，以城市为基础，承载产业空间和发展产业经济，以产业为保障，驱动城市更新和完善服务配套，以达到产业、城市、人之间有活力、持续向上发展的模式。基于“产城融合”贯穿了整个城镇化的发展过程这个观点，中国的城镇化及新城发展过程符合空间生产运作逻辑的基本规律。

中国的新型城市空间形态始于经济技术开发区、初创于1984年,历经20年的发展,由小到大,由弱到强,由试办到全面开花,对中国经济发展起了火车头的作用,成为全国经济、区域经济、城市经济的重要支柱。可以说,中国经济的持续高增长,经济技术开发区功不可没。开发区在国际上已有上百年历史,中国搞开发区是借鉴国外的经验。最早的是特区,邓小平同志南巡时对特区的发展给予了高度的肯定。1984年春天,他在视察深圳时,总结经济特区的经验,提出进一步开放沿海港口城市。1984年年底,我国开发区在这些城市应运而生,拉开了开发区的序幕。开发区的任务是在一个城市不可能全面建设基础设施时,划定一块较小的区域,集中力量建设完善的基础设施,创建符合国际水准的投资环境。通过吸收利用外资,形成以高新技术产业为主的现代工业结构,成为所在城市及周围地区发展对外经济贸易的重点区域。也就是说,让这块地方尽快发展起来,一方面打开渠道,另一方面积累经验。中国的开发区包括了国家级经济技术开发区、国家级高新技术产业开发区、国家级保税区、国家级边境经济合作区、国家级出口加工区、其他国家级开发区、省级开发区7种类型,其数量分别为131、88、15、15、60、42、331个。因此,实施"开发区产城一体化"建设,把开发区打造成为新型城镇化的重要载体,是遵循城镇化发展规律、推进新型城镇化的现实选择和发展路径。

四、基于资本—政府—社会的中国城镇化空间生产运作逻辑框架

1974年,列菲伏尔出版《空间的生产》,改变了空间问题在理论界未得到充分重视和阐释的现象。他的空间生产理论在各个学科产生了相当大的反响。列菲伏尔结合当前的空间现实,扩展了经典马克思主义的生产理论。列菲伏尔在分析政治经济学时期的马克思与研究《资本论》的过程中,提出了他自己对马克思"生产"概念的新认识。在马克思那里,生产主要指的是物质生产,而空间通常被视为物质生产的器皿和媒介。列菲伏尔创造性地提出了空间生产理论。在他看来,空间生产不是指在空间的内部的物质生产,而是指空间本身的生产。

列菲伏尔的"空间生产"概念及其理论的影响是多重的,作为新马克思主义空间理论的奠基人,其后来者,被称为新马克思主义空间理论的种子思想家的是哈维和卡斯泰尔,他们对城市空间的政治经济研究以及对城市空间的政治理解都与列菲伏尔的"空间生产"理论有千丝万缕的联系。20世纪80年代,新马克思主义空间理论的代表性人物哈维,更加关注资本集中与循环在城市空间生产中的作用。卡斯泰尔认为,城市只是由政府政策加以补充的市场机制的物理扩展。政府一方面代表统治阶级的利益,同时也不得不采取一定的缓和阶级矛盾的措施以防止社会动荡。随着资本的循环和流动,政府在何时、何地以及以何种方式和在多大程度上组织和介入集体消费过程,必将极大地影响城市空间形态的变动。卡斯泰尔指出,那些服务于资本利益的城市规划和政策,并不必然符合广大城市居民和贫困阶层的利益。因为,政府对集体消费品供给的干预本质上是服务于私人资本的。

西方丰富的空间生产理论是资本空间实践逐步展开的结果,它为研究我国的空间

生产现状提供了理论视角。我国在全球空间生产的背景下掀起了大规模的城市空间扩张运动，即城镇化，在取得成就的同时也暴露出空间发展不平衡、空间不平等等方面的空间问题。解决这些问题，一方面，我们需要借鉴资本主义空间生产理论的思想内容；另一方面，需要将推动城镇化发展的政治、资本、社会等关键力量在具有中国特色社会主义制度下进行全新审视和诠释，实现空间的自然性、政治性、市场性、社会性有机统一，以期显现我国城镇化与资本主义城镇化的本质差别。

1. 资本逻辑与空间生产

空间生产在资本时代获得了显著和充分的发展，但并不意味着两者是同一个历史进程，遵循同一个发展逻辑，而意味着资本逻辑顺应、促进并利用了空间生产的发展逻辑。资本要获得最大限度的利润，就必须进行最大限度的生产，因此，扩大再生产就成为资本生产的基本特征，这必然导致空间中生产的扩张。资本逻辑对空间生产逻辑的顺应和促进，更重要的表现是对社会生活空间的创造。作为20世纪80年代新马克思主义空间理论的代表性人物，哈维更加关注资本集中与循环在城市空间生产中的作用，认为空间是资本作用的产物。

资本主义空间生产本质上关心的是空间的交换价值，它是实现剩余价值的新手段，是资本主义生产模式自我维系的一种方式。生产方式的不同，使得资本主义与社会主义尤其是具有中国特色的社会主义城镇化发展具有不同的本质和关注点。根据马克思生产方式理论和我国的基本国情与发展要求，构造中国特色社会主义生产方式的目标模式，应当是在认真学习与借鉴现代资本主义生产方式发展的基本经验的基础上，全面构造我国的现代社会主义生产方式。城镇化是实现我国现代化过程的战略目标之一，但其不是简单的人口比例增加和城市面积扩张，更重要的是实现产业结构、就业方式、人居环境、社保保障等由“乡”到“城”的转变。必须逐步改变传统的增长导向型城镇化模式，以民生改善为根本目的，不单纯追求城镇化速度，更关注城镇化进程中人的生活质量的提高。由此可以看出，中国的城镇化本质是以人为本，即人的城镇化，关心的是扩大内需、提高居民消费水平、改善和保障民生、实现公共服务均等化、提供公共服务水平、促进城乡协调发展等。

清华大学建筑与城市研究所武廷海教授及其团队对“中国快速城镇化的资本逻辑及其走向”做了较为详细的分析与研究。中国城市在改革开放过程中通过“招商引资”，将资本与土地结盟，实现“空间的生产”。从全球范围看，“空间城镇化”呼应全球资本循环与积累的节奏，实际上是“资本城镇化”的表现，中国快速城镇化遵循资本的逻辑。资本逻辑主导下的城镇化，意味着资本的增值成为城镇化的内在追求，资本成为城镇化的轴心，规定城镇化的脉动，决定城镇化的色彩，城镇化实际上成了资本的城镇化或者城市的资本化。中国快速城镇化，在相当程度上是资本逻辑的集中表现，既有城市和乡村的快速发展、人居环境的迅速改善，也有人与人、人与社会、人与自然之间紧张的对峙和冲突。对于城市建设来说，城市土地不断增值，可以吸引更多的资本涌向这个城市，从而保障了城建资金的良性循环。这是促进城市现代化建设的基本措施，在城市基础设施的高强度投入下，中国城镇化实现了大规模快速扩张。随着改革的逐步深入，中国城乡空间逐渐实现了“不动产的动产化”，更多类型的生产型和消费型空间也随之涌现。就目前而言，中国的城镇化进程已为资本逻辑所主导，这一动因既可用来分析大规模的招商引资、农用地的快速城镇化、工业用地与物流仓储用地、商服和居住用地的大规模出让,也有助于解释土地和空间价值被释放之后城建资金的良性循环和房地产行业的空前勃兴。总体来看,中国城市在改革开放过程中通过“招商引资”,将资本与土地结盟,实现“空间的生产”,即中国城市建设通过“基础设施投资—招商引资—全社会总投资—就业—税收(“土地财政”)—基础设施再投资”,形成以土地为资本的城镇化初级循环。而城镇化或城市过程(urban process)也就相应地被物化为“空间的生产”,其运动轨迹和发展规律都遵循资本的逻辑,不断地实行空间扩张以追求资本的增值(图 3)。在此意义上,在快速城镇化过程,中国的新城发展是资本地域化的表现,是资本的城镇化,是空间的城镇化,符合空间生产的基本规律。

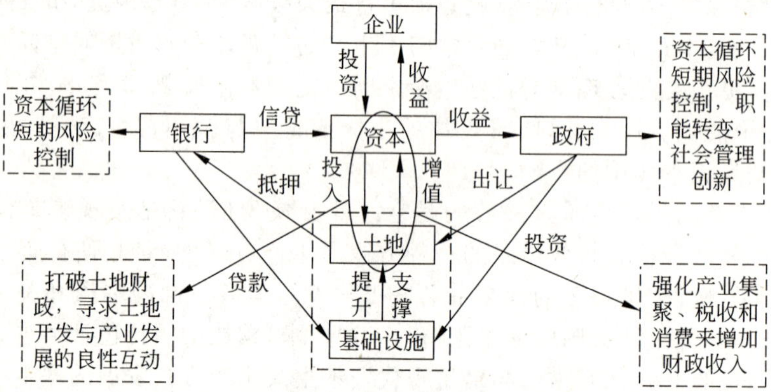

图 3 资本逻辑下新城空间生产模式及其趋势

资料来源:根据清华大学建筑学院武廷海教授的“中国新城建设的理论解释框架”整理。

但是,资本逻辑下传统新城空间生产模式是以“土地财政”为核心,通过改善基础设施,招商引资,实现资本与土地城市化。单纯的空间生产面临土地开发总量、和谐社会建设、自然文化特色保护三个方面的制约。现代新城发展要注意不能过度“房地产化”,要预防中国新城建设中的交通堵塞、环境恶化等“城市病”。在目前以政府调控为主导的土地模式下,要积极发挥战略储备用地的积极作用,主动寻求土地开发与产业发展的良性互动,培育壮大优势产业,着眼于核心功能和重点领域的突破,强化产业集聚、税收和消费增加财政收入,淡化单纯的土地增值。同时,政府与金融机构应注意短期资本循环的风险可控性。**从我国的城镇化过程看,各级政府对长远发展规划目标的蓝图定义较为清晰,而对实现目标的短期资本循环风险的可控性考虑不很充分。在资本主义社会,资本推动是在实现现实价值基础上的长远考虑**。从城市与区域规划的角度看,中国快速城镇化的空间生产基本走向,仍然需要抓住土地这一核心要素,真正通过统筹城乡,构建新型城乡格局,建立基于具有中国特色社会主义制度的新文明,尤其是在规避城市建设用地供给与需求结构性矛盾的基础上,更多地赋予农村建设用地权限,为新农村建设提供强大的内生动力。

2. 政府职能转变与空间生产

如果说哈维是从生产的角度研究空间生产的方式及其原因,卡斯泰尔则从“消费—集体消费—政府干预”这一逻辑链条展开了对空间生产的分析。卡斯泰尔认为,在发达资本主义时代,城市在整个资本主义体系中的主要功能是经济,而在经济的生产、交换、消费三个环节上，城市的最主要功能则是消费。卡斯泰尔认为，城市只是由政府政策加以补充的市场机制的物理扩展。政府一方面代表统治阶级的利益，同时也不得不采取一定的缓和阶级矛盾的措施以防止社会动荡。随着资本的循环和流动，政府在何时、何地以及以何种方式和在多大程度上组织和介入集体消费过程，必将极大地影响城市空间形态的变动。卡斯泰尔指出，那些服务于资本利益的城市规划和政策，并不必然符合广大城市居民和贫困阶层的利益。因为，政府对集体消费品供给的干预本质上是服务于私人资本的。

党的十八大报告中对坚持走中国特色社会主义政治发展道路和推进政治体制改革做出了全面部署，特别是对深化行政体制改革提出了明确要求。行政体制改革是推动上层建筑适应经济基础的必然要求。要按照建立中国特色社会主义行政体制目标，深入推进政企分开、政资分开、政事分开、政社分开，建设职能科学、结构优化、廉洁高效、人民满意的服务型政府。当前的改革要政治、经济、社会和文化体制综合配套，重点突破，全面推进。转变政府职能是当前改革的重点和关键问题。权力资源的重新合理配置是我国机构改革和政府职能转变中的核心问题。政治全能化、高度集权化作为我国传统权力格局的主要特征，虽说在特定的历史条件下曾起过积极的乃至全局性的决定作用，但随着改革开放的启动和加深，这一格局越来越使得转型时期的中国政治发展面临诸多难题。城镇化是中央最高决策层达成的政策共识，城镇化也是一系列公共政策的集合，城镇化的健康发展离不开体制机制创新。从公共管理学、公共政策学、政治学的视角看，新型城镇化实质上就是权力与空间、资本、社会的互动与组合，是公共权力的空间重组。城镇化空间生产目标的实现需要政府职能的准确定位与转变优化，以及政府公共权力运行与空间的良性互动。

城镇化是一个国家或地区实现人口集聚、财富集聚、技术集聚和服务集聚的过程，同时也是生活方式、生产方式、组织方式和文化方式转变的过程。城镇化也是把政治、经济、科技、文化、生活等要素有机联系和积极调动起来的制度机制建设过程。加强城镇化管理就是要考虑城镇化进程中的公共服务供给与社会治理的有机结合。当前和今后一个时期，在城镇化进程中提供公共服务，中国的地方政府面对的压力是史无前例的，尤其是在公共服务供给和社会治理方面，各种问题会层出不穷，对此需要有足够的思想准备，一定要把公共服务、社会治理与政府尤其是地方政府的职能转变有机结合起来。新型城镇化最大的障碍是旧的体制和旧的利益格局，而要突破旧体制的束缚，打破旧利益格局的掣肘，最核心的工作就是要实现政府职能的转变，即政府淡化经济运营角色，从全能政府转变为有限政府，实现公共权力在空间的重组，建设一个真正的公共服务型政府。一方面，在重视市场机制的同时，必须由政府制定总体规划，对城镇化的进程、城市人口、城市布局、城市规模等实行宏观调控；另一方面，要逐步转变政府职能，改变政府公共权力运行方式，从以行政手段为主管理城镇发展，转变为采用经济和法律手段为主管理城镇发展，通过公共权力在空间的重组，向市场、向地方逐步分权和放权。

未来 10 年中国的新型城镇化，应该有别于过去的城镇化，不仅包括基础设施建设和工业化的延伸，而且应该伴随人口的城镇化、收入差距的缩小、公共服务的完善和政府职能的转变。加快户籍改革，使更多的农村人口和半城镇化人口真正成为城市居民,将是重要的组成部分。从根本上讲,新型城镇化和户籍改革,要求地方政府职能有根本性的转变,由目前大规模地介入经济领域,尤其是公共投资领域转为更多地提供公共服务。只有真正贯彻政府职能的转变,才能改变目前政府职能错位、越位与缺失的现象,使城镇化摆脱以前只靠投资与基建的弊端,并真正使城镇化与提高消费、改进民生的经济发展战略目标相吻合。这样的城镇化,才是真正推动中国经济稳定增长的有效动力。

3. 社会管理创新与空间生产

在《城市与民众》一书中,卡斯泰尔还着重分析了欧美社会中蓬勃发展的城市社会运动及其对城市的影响。在发达的资本主义城市中,社会冲突不再只是围绕生产阶级而展开,还围绕消费利益群体展开,这种冲突并不必然引发和加剧阶级斗争,它往往以社会运动的形式表现出来。卡斯泰尔将城市社会运动定义为:由于社会的统治利益已经制度化并且拒绝变迁,所以在城市角色、城市意义、城市结构方面发生的主要变化一般来自民众的要求和民众运动,当这些运动导致城市结构变迁时,我们就把它称为城市社会运动。在卡斯泰尔看来,城市社会运动本质上是广大城市居民自发组织起来对政府城市规划的抵抗,表明了民众自我防范意识的高涨。公民社会在中国尚处在起步阶段,社会运动也还是一个年轻的概念,正因为如此,它才具有强大的生命力与不可限量的蓬勃生机。随着中国对社会管理、社会治理问题的日益重视,公民社会必将在中国城镇化空间生产及转型进程中发挥重要作用。

从上文分析可知,空间生产在创造各种自然物质产品的同时也创生各种社会关系,空间生产是一个社会问题,空间问题被作为社会理论研究的核心问题。空间生产本质上是一个复杂的社会生产过程,空间生产理论对社会空间的产生及其管理研究具有一定的现实意义。社会管理的创新固然需要制度结构的适应性调整,但那些被人们最直接感知的空间环境及其引发的空间秩序的建构性问题对社会管理的反作用不容忽视,这需要我们高度关注城镇化时期空间生产在社会机制运行中的作用。在长期的城市社会生活中,民众逐步产生了一种新的人与城市之间的互动关系和相应的社会利益、价值观念,即人们对自己社区的看法。他们将社区与自身的经济利益和社会生活的各个方面联系起来,认识到为了城市规划而搬出自己长期居住的社区,不仅意味着离开一个地理环境,更重要的是意味着与长期在社区建立起来的社会关系网络的断绝,放弃了融会在该社区中的社会与文化价值。类似的现象也发生在中国城镇化空间生产过程中,随着大批农民的进城工作、生活与定居,原来在农村形成的社会网络关系将被打破甚至隔绝,由此产生的新的社会管理问题值得我们关注与思考。目前的中国城镇化空间生产注重政府的规划、公共权力资源的使用,对城镇化中弱势群体形成的社会关系及其主导的空间生产重视不够。由于中国城镇化进程主要是以政府主导、以土地为资本的背景下展开的,其空间生产和重构更多地表现为一种政府行为,在追求GDP、增加财税收入等政绩观的压力下,政府的工作重心是将空间自身作为拓展增殖、获取收入的生产对象,而空间生产对现已形成的社会秩序的破坏、扰乱作用却被严重忽视,由此导致空间正义缺失、城市空间非均衡发展等社会问题,政府应通过发挥重要作用,通过合理的空间重构与制度建设,构建符合弱势群体意愿、有效解决空间正义缺失与空间非均衡发展的空间生产模式。

2004年党的十六届四中全会提出要“加强社会建设和管理，推进社会管理体制创新”；2007年党的十七大报告提出要“建立健全党委领导、政府负责、社会协同、公众参与的社会管理格局”；2011年，胡锦涛同志在省部级主要领导干部社会管理及其创新专题研讨班上强调，要以解决影响社会和谐稳定突出问题为突破口，提高社会管理科学化水平；党的十八届三中全会提出，要“创新社会治理”，必须着眼于维护最广大人民根本利益，最大限度增加和谐因素，增强社会发展活力，提高社会治理水平，维护国家安全，确保人民安居乐业、社会安定有序。可以看出，在我国未来城镇化发展战略中，社会管理、社会治理问题已经成为空间生产面临的重要问题之一。社会管理创新，是指在现有社会管理条件下，运用现有的资源和经验，依据政治、经济和社会的发展态势，尤其是依据社会自身运行规律乃至社会管理的相关理念和规范，研究并运用新的社会管理理念、知识、技术、方法和机制等，对传统管理模式及相应的管理方式和方法进行改造、改进和改革，建构新的社会管理机制和制度，以实现社会管理新目标的活动或者这些活动的过程。社会管理创新既是活动，也是活动的过程，是以社会管理存在为前提的，其目的在于使社会能够形成更为良好的秩序，产生更为理想的政治、经济和社会效益。

在我国推进新型城镇化，核心是推进人的城镇化，关键是提高城镇化质量，目的是造福人民群众；加快推进城镇化发展，是我国实现现代化的必由之路，是扩大内需的战略重点，是调整经济结构的重要抓手，是推动区域经济发展的强劲动力，是解决“三农”问题的根本途径。同时我们也应看到，城镇化打破了城市和农村原有的社会管理模式，是引起当前诸多社会问题的主要根源，是当前影响基层社会和谐稳定的最集中、最迫切、最突出的领域。在城镇化进程中，一方面要加快城镇化发展速度，提高城镇化发展质量，让更多群众享受发展的成果；另一方面要了解百姓利益诉求，解决城镇化进程中的社会矛盾，探索与城镇化空间生产配套的新型社会管理模式。

综上所述，在新马克思主义空间理论看来，城市空间乃是各种力量博弈的产物，其中主要包括资本的力量、政府的力量以及城市社会运动的力量；城市空间一直处于各种力量的较量之中，是各种力量较量、平衡的产物。这就是城市空间生产的运作逻辑，也就是“空间的辩证法”。新马克思主义空间理论作为一种理论视角和分析方法，对于我们看待当前中国城镇化过程中出现的问题具有重要启示意义。从我国城镇化的时间和空间发展历程看，其也是在政府主导、资本推动、社会参与各种力量综合化共同作用的产物，在不同的时期，不同的力量占据不同的地位与角色。从我国城镇化空间生产发展趋势看，政府、资本、社会缺一不可，其在城镇化的复杂系统工程中相互补充、相互依赖。但是，尤其值得注意的是，目前中国城镇化形成的资本逻辑是以政府主导下的土地财政为基础的，从这个意义说，政府与资本两者紧密结合在一起，相互促进与相互补充。但是中国新型城镇化发展要求政府与资本在一定程度上要“分开”，即政府职能要适应新型城镇化的发展要求，要告别经济运营角色，变成一个真正的公共服务型政府，改变以土地为资本的城镇化空间生产初级循环，从而进入更高一级循环；同时，社会管理核心在于处理政府、市场与社会三者之间的互动关系，创新社会管理关键在加快政府职能转变。本研究根据空间生产的基本理论,基于资本逻辑—政府职能转变—社会管理创新尝试构建了"三位一体"的中国城镇化空间生产运作逻辑框架,详见图 4。

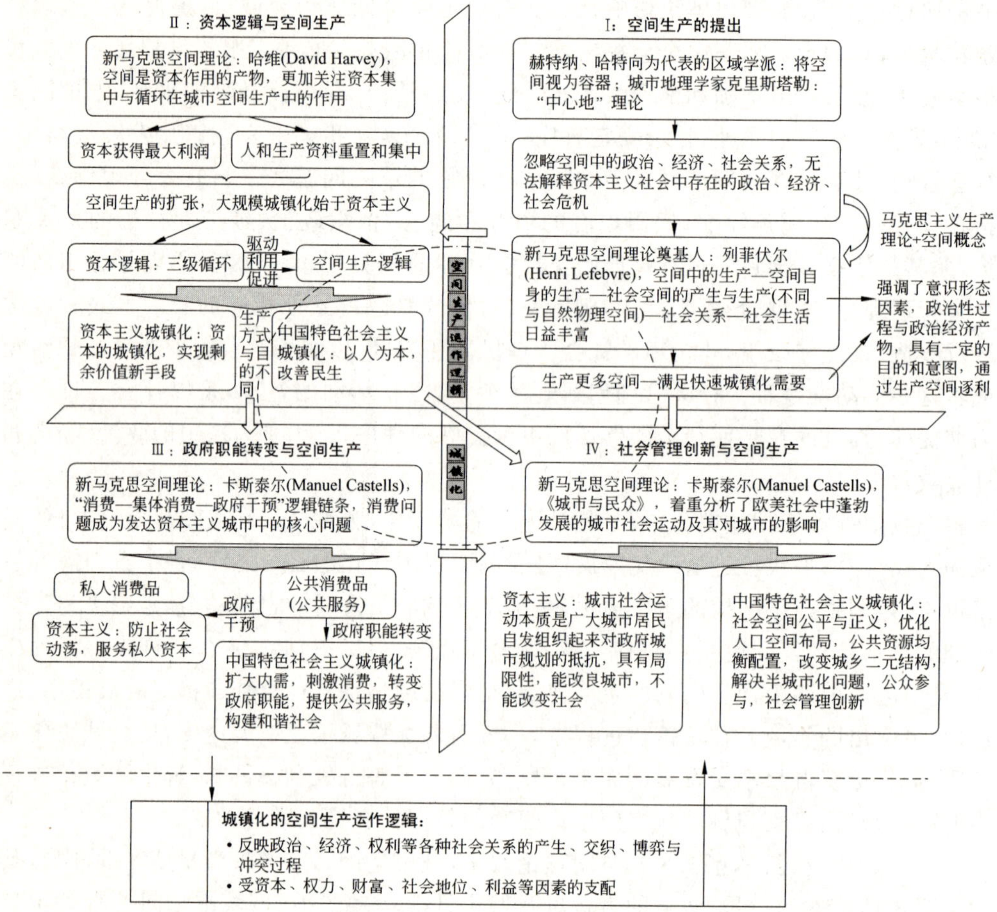

图 4 基于政府职能—资本逻辑—社会管理创新的城镇化空间生产运作逻辑框架图

五、结论与展望

由于传统的实证主义地理学以及在它影响下的城市地理学无法解决或解释城镇化空间生产过程中出现的各种复杂城市问题,人们开始重视列斐伏尔、哈维、卡斯泰尔等西方学者的城市与空间理论。空间视角在今天中国的意义不只是一种以诞生于西方的反西方中心主义的理论工具,而是激活我们为世界文化发展做出更大贡献的作为点。改革开放以后,中国积极地参与全球化的发展浪潮与空间生产规划中,使得 5 亿多人口从农村进入城镇,极大改变了他们的空间生产和生活方式。但是,我国在全球空间生产的背景下掀起的大规模城市空间扩张运动——城镇化,在取得成就的同时也暴露空间发展不平衡、空间不平等亟须解决的空间问题,具有高度概括性和抽象性的西方空间生产理论，为考察我国城镇化的空间生产状况提供了视角。

空间生产理论研究城镇化问题不同于区域经济学、实证主义地理学、城市经济学、空间经济学、新经济地理学等理论、学派，它以空间作为研究对象，是基于社会学家、哲学家的视角借助马克思主义的生产理论形成的，并非运用经济学理论、数学模型形成主流分析框架，同时它是社会理论研究的基础性和核心问题之一，强调空间生产中的个体及其形成的政治、经济、社会关系，注重社会意义上的空间含义（即社会空间），而不是经济意义上的空间含义（即经济空间），也不是地理意义上的空间含义（即地理空间）。

空间是政治、经济、社会实践的产物，同时，空间的生产不是单纯的自然过程，它是人口和生产资料空间重置的过程，它是资本突破空间障碍、追逐剩余价值的介质、手段和结果，它是充斥各种政治意识形态的产物，它在创造各种自然物质产品的同时也创生各种社会关系。资本主义国家的城镇化与具有中国特色的新型城镇化本质与目的有显著的差别。在资本主义社会，城镇化是资本的城镇化、空间的城镇化，空间作为生产要素参与物质生产过程，与空间相关的一切都成为生产剩余价值的中介与手段，空间及空间生产成为统治阶级的政治工具。当前，我国已经在全球空间生产的背景下掀起了大规模的城镇化空间生产运动，具有中国特色的社会主义本质使得我国的城镇化空间生产有其自身特殊的历史价值与时代内涵。

本研究将政治、资本、社会三个元素嵌入中国特色新型城镇化空间生产的时代背景与特殊内涵，试图构建资本—政府—社会“三位一体”的中国城镇化空间生产运作逻辑框架，以期从空间生产视角讨论、完善中国城镇化空间生产的理论体系，实现空间生产的自然性、政治性、市场性、社会性有机统一。资本逻辑下传统的新城空间生产模式是以“土地财政”为核心，通过改善基础设施，招商引资，实现资本与土地城市化。但从我国的城镇化过程看，各级政府对长远发展规划目标的蓝图定义较为清晰，而对实现目标的短期资本循环风险的可控性考虑不很充分。而在资本主义社会，资本推动是在实现现实价值基础上的长远考虑。城镇化是中央最高决策层达成的政策共识，城镇化也是一系列公共政策的集合，城镇化的健康发展离不开体制机制创新；从公共管理学、公共政策学、政治学的视角看，新型城镇化实质上就是权力与空间、资本、社会的互动与组合，是公共权力的空间重组，城镇化空间生产目标的实现需要政府职能的准确定位与转变优化，以及政府公共权力运行与空间的良性互动。空间生产理论对社会空间的产生及其管理研究具有一定的现实意义，社会管理的创新需要制度结构的适应性调整，但是空间生产对已形成的社会秩序的破坏、扰乱作用也不容忽视。目前，中国城镇化进程主要是以政府主导、以土地为资本的背景下展开的，其空间生产和重构更多地表现为一种政府行为，在追求政绩观的压力下，政府将空间自身作为拓展增殖、获取收入的生产对象，而空间生产对现已形成的社会秩序的破坏、扰乱作用却被严重忽视，由此导致空间正义缺失、城市空间非均衡发展等社会问题，政府应通过发挥重要作用，通过合理的空间重构与制度建设，构建符合弱势群体意愿、有效解决空间正义缺失与空间非均衡发展的空间生产模式。

新马克思主义空间理论作为一种理论视角和分析方法,对于我们看待当前中国城镇化过程中出现的问题具有重要启示意义。从我国城镇化的时间和空间发展历程看,其也是在政府主导、资本推动、社会参与各种力量综合化共同作用的产物,在不同的时期,不同的力量具有不同的地位与角色。但从我国城镇化空间生产发展趋势看,政府、资本、社会缺一不可,其在城镇化的复杂系统工程中相互补充、相互依赖。虽然我国城镇化空间生产已经形成以土地为资本的初级循环,符合空间生产规律,但是从发展经济学观点看,我们必须打破以土地为资本的初级循环束缚,从而进入高级政府—资本—社会循环,使我国新型城镇化空间生产达到“产城融合、职住平衡、天人和美”。

参考文献

[1] 方创琳,王德利. 中国城市化发展质量的综合测度与提升路径[J]. 地理研究,2011(11):3-18.

[2] 高峰. 城市空间生产的运作逻辑——基于新马克思主义空间理论的分析[J]. 学习与探索,2010,1:9-13.

[3] 辜胜阻,易善策,李华. 中国特色城镇化道路研究[J]. 中国人口. 资源与环境,2009(1):51-56.

[4] 黄锟. 中国城镇化的特殊性分析[J]. 城市发展研究,2011(8):12-16.

[5] 李强,陈宇琳,刘精明. 中国城镇化“推进模式”研究[J]. 中国社会科学,2012:82-100.

[6] 陆大道. 我国的城镇化进程与空间扩张[J]. 城市规划学刊,2007(4):59-64.

[7] 钱再见. 新型城镇化进程中的政府职能转变——基于空间权力视角的分析[J]. 中共浙江省委党校学报,2013,5:15-22.

[8] 乔小勇. 国际城镇化研究回顾 2000—2012——基于 SCI/SSCI 文献的分析[J],城市规划学刊,2013(6):47-57.

[9] 吴细玲. 西方空间生产理论及我国空间生产的历史抉择[J]. 东南学术,2011(6):19-25.

[10] 武廷海,张城国,张能,等. 中国快速城镇化的资本逻辑及其走向[J]. 城市与区域规划研究,2012,2:1-15.

[11] 王家庭,唐袁. 我国区域间城市化水平不平衡的测度研究[J]. 城市发展研究,2009(10):13-18.

[12] 王家庭. 我国城市化泡沫测度:基于 35 个大中城市的实证研究[J]. 城市发展研究,2011(11):14-20.

[13] 谢方. 空间研究为城市研究打开新视域[J]. 中国社会科学报,2013,3(427).

[14] 肖文,王平. 我国城市经济增长效率与城市化效率比较分析[J]. 城市问题,2011(2):14-18.

[15] 叶超. 人文地理学空间思想的几次重大转折[J]. 人文地理,2012(5):1-5.

[16] 叶超,柴彦威,张小林. “空间的生产”理论、研究进展及其对中国城市研究的启示[J]. 经济地理,2011,31(3):409-413.

[17] 叶裕民. 中国城市化质量研究[J]. 中国软科学,2001(7):28-32.

[18] 庄友刚. 西方空间生产理论研究的逻辑、问题与趋势[J]. 马克思主义与现实(双月刊),2011,6:116-122.

[19] 庄友刚．空间生产与资本逻辑．[J]．学习与探索，2010，1：14-18.

[20] 中国工程院重大咨询项目．中国特色新型城镇化发展战略研究[M]．北京：中国建筑工业出版社，2013，12.

[21] Chan K W. Fundamentals of China's Urbanization and Policy [J]. The China Review, 2010, 10(1): 63-94. Friedmann, J. Four Theses in the Study of China's Urbanization [J]. International Journal of Urban and Regional Research, 2006, 30(2): 440-451.

[22] Deng J S, Qiu L F, Wang K, et al. An Integrated analysis of urbanization-triggered cropland loss trajectory and implications for sustainable land management [J]. Cities, 2011, 28: 127-137.

[23] Gu C L, Wu F L. Urbanization in China: Processes and Policies [J]. The China Review, 2010, 10(1): 1-10.

[24] He L, Song Y, Dai S Z, et al. Quantitative research on the capacity of urban underground space - The case of Shanghai, China [J]. Tunnelling and Underground Space Technology, 2012, (32): 168-179.

[25] Hartshorne R. The concept of geography as a science of space, from Kant and Humboldt to Hettner[J]. Annals of the Association of American Geographers, 1958, 48(2): 97 - 108.

[26] Haggett P, Cliff A, Frey A. Locational Models (Locational Analysis in Human Geography 2nd Eds) [M]. London: Edward Arnold, 1977.

[27] Kilinc G, Gulersoy N Z. Evaluation of the Potential for Districts/Counties to Become Li, Z. G. , & Zhao, S. X. Reinterpretation of China's under-urbanization: a systemic perspective [J]. Habitat International, 2003, 27: 459-483.

[28] Provinces with Respect to the Level of Urbanization in Turkey [J]. European Planning Studies, 2011, 19(8): 1557-1580.

[29] Wu YZ, Zhang X L, Shen L Y. The impact of urbanization policy on land use change: A scenario analysis [J]. Cities, 2011(28): 147-159.

[30] Shen J F, Feng Z Q, Wong K Y. Dual-track urbanization in a transitional economy: The case of Pearl River Delta in South China[J]. Habitat International, 2006, 30: 690-705.

[31] Schaefer F. Exceptionalism in Geography: A Methodological Examination [J]. Annals of the Association of American Geographers, 1953, 43(3): 226 - 249.

[32] Yew C P. Pseudo-Urbanization? Competitive government behavior and urban sprawl in China [J]. Journal of Contemporary China, 2012, 21(74): 281-298.

[33] Yeha C T, Huang S L. Investigating spatiotemporal patterns of landscape diversity in response to urbanization [J]. Landscape and Urban Planning, 2009(93): 151-162.

[34] York A M, Shrestha M, Boone, et al. Land fragmentation under rapid urbanization: A cross-site analysis of Southwestern cities [J]. Urban Ecosyst, 2011, 14: 429-455.

[35] Zhang L. Conceptualizing China's urbanization under reforms [J]. Habitat International, 2008, 32: 452-470.

[36] Zhang K H, Song S F. Rural urban migration and urbanization in China: Evidence from time-series and cross-section analyses[J]. China Economic Review, 2003(14): 386-400.

Research on the Spatial Production and Operational Logic of China's Urbanization: Based on Capital-Government-Society

Qiao Xiaoyou　ZhangXiuji

Abstract: This article, looking at the urbanization development strategy and problems, such as unbalanced spatial development and spatial inequality in China's urbanization process, is based on Western spatial production theory and the political, economic and social nature of spatial production. It examines the political, capital, and social elements and the special connotations of spatial production in the new urbanization with Chinese characteristics and attempts to build a three-in-one spatial production and operation logical framework for China's urbanization based on capital-government-society. The main findings are as follows: The spatial production theory of urbanization is different from the traditional regional, geographical, and urban economy theories, which draw support from Marx's theory of production based on the perspective of sociologists and philosophers and not on the forms of a mainstream analytical framework by using economic theory and a mathematical model. The spatial production theory of urbanization emphasizes the individual in the production of space and in the political, economic, and social relations, it pays attention to the connotation of social space rather than purely economic and geographical space. The spatial production of urbanization is not only a natural process, but it is also includes various political ideologies, capital operations logic, and social relations, which complement and depend on one another during the complex system of engineering urbanization. China's new type of urban space has developed a primary capital circle of the urbanization of capital and space that conforms with the rules of spatial production. Realization of the goals of the spatial production of urbanization requires accurate positioning and a transformation of government functions as well as benign interactions between government public power and space. The spatial production of urbanization must not upset the social order that has been formed.

Key Words: Capital-Government-Society; Urbanization; Spatial Production

公共管理评论(第十七卷)
China Public Administration Review, Vol. 17

创新战略中的政府采购政策：理论与模式

万如意*

摘　要：政府采购作为一项主要的需求侧政策工具，在各国创新战略中的作用正日渐凸显。然而，政策实践中的含混使用，不仅会降低政策措施间的激励相容，也容易误导不同国家间的政策学习。本文通过对创新政策理论的梳理，分别在新古典学派、创新系统理论、演化经济学三个理论脉络中分析了政府采购的政策原理，进而归纳政府采购鼓励创新的三种政策模式，即补贴型采购、学习型采购和战略型采购，为此轮政策探索提供分析框架。

关键词：政府采购　创新政策　新古典学派　创新系统理论　演化经济学

一、引　言

技术创新是经济持续增长的根本动力，也是经济结构转型的改革出路。2006 年召开的全国科学技术大会对鼓励创新的政策群做了系统表述，政府采购就是 9 项政策工具之一。这是中国政府采购制度形成以来第一次在国家科技战略中的体现[①]。在鼓励创新的措施中，财税、金融、人才、技术标准、专利保护、技术引进、科技交流等政策都是作用于知识/创新供给方的措施，因此被称之为鼓励创新的“供给侧政策”(Supply-side Policy)。而政府采购政策则是作用于知识/创新需求方的措施，用公共服务和基础设施中的技术需求引导、激发、促进创新活动，因此也被称为“需求侧政策”(Demand-side Policy)。政府采购是需求侧政策中最主要的一项，在各国创新战略的最新探索中都有重要的地位。

*　万如意，清华大学公共管理学院博士研究生，哈佛大学肯尼迪学院访问学者，研究方向为政府采购与科技政策。

①　2006 年召开的全国科学技术大会发布了《国家中长期科学和技术发展规划纲要(2006—2020 年)》(以下简称《规划纲要》)，这是中国现阶段创新战略政策起点。《规划纲要》列举了 9 项鼓励创新的措施，对全国范围内鼓励创新活动的政策群第一次做了系统说明。政府采购鼓励创新政策是其中一项。为了深入落实《规划纲要》，国务院随即颁布了《实施〈国家中长期科学和技术发展规划纲要〉的若干配套政策》，对这 9 项措施做了详细部署。其中对政府采购鼓励自主创新政策设定也初成体系，涉及预算管理、评审规则、采购方式、合同管理、国防采购、首购订购以及国货优先等方面。这是中国政府采购鼓励创新的政策起源。

在国际经贸中,政府采购频频进入中美两国元首的议程。然而西方国家近年来在政府采购市场开放问题上的连续施压,对中国政府采购鼓励创新政策的探索实践造成不小掣肘。在 2011 年 1 月 19 日发表的《中美联合声明》中,中方承诺"创新政策将不再与提供政府采购优惠挂钩"。同年 7 月 1 日,财政部宣布废止以下三部实施不过 3 年的管理办法:《自主创新产品政府采购预算管理办法》、《自主创新产品政府采购评审办法》和《自主创新产品政府采购合同管理办法》。一时间,是否还要保持政府采购鼓励创新的政策,出现了思想上的反复。关于政策现象的争论,往往与看待政策的理论视角有关。因此有必要对政策模式、理论基础,以及争议焦点进行系统梳理,正本清源。本文将分别从新古典经济学、系统论和演化经济学三个理论视角分析政府采购作为"需求侧创新政策"的作用机制。

二、创新补贴与政府采购

用市场竞争激励创新活动,在过去很长一段时间都是主流认识。这一观点反对政府在技术创新领域的干预,认为自由市场和充分竞争是创新的原动力。创新活动是经济组织在充分竞争压力之下为击败对手而不得不采取的经济活动①。在熊彼特看来,创新是一种新的生产函数。而函数中的五种要素里,并没有政府因素。他把政府因素视作创新函数的外生变量,因此是放在假设条件中进行处理的②。

对上述观点的第一次挑战来自新古典学派。该学派对技术创新政策研究的主要贡献是指出了,在没有政府干预的创新活动中,资源配置是一种次优,而不是帕累托最优。Romer 在技术溢出模型中指出,由于知识和技术创新存在溢出效应,造成厂商的私人收益率低于社会收益率。所以,在没有政府干预的条件下,厂商用于生产知识和技术的投资将会减少,从而使分散经济的均衡增长率低于社会最优增长率。因此,Romer 的建议是:政府可以向生产创新产品的厂商提供补贴,或对创新生产提供补贴的同时对其他生产课税,从而激励社会生产要素投资研究开发部门,进而提高经济增长率和社会福利。③

从创新补贴的角度看,政府采购实际上是通过保障需求规模的方式对创新主体进行变相补贴的④。对于创新产品而言,创新程度越高、技术越领先,该技术的进入成本、转换成本往往就越大。这与路径依赖、锁定效应有关⑤,尤其是那些规模经济效益

---

① Kettel R, Lember V. Public Procurement as An Industrial Policy Tool: An Option for Developing Countries? [J] Journal of Public Procurement, 2010, 10(3): 368-404.

② Schumpeter J A. The Theory of Economic Development[M]. Harvard University Press, Cambridge, 1912.

③ Romer P. Increasing Returns and Long-Run Growth[J]. Journal of Political Economy, 1986, 94(5): 1002-1037.

④ Geroski P A. Procurement Policy as A Tool of Industry Policy[J]. International Review of Applied Economics, 1990, 4(2): 182-196.

⑤ 道格拉斯·诺思. 制度、制度变迁与经济绩效[M]. 上海: 三联出版社, 1994.

明显的产品。在技术初创阶段，过高的价格很难在市场中形成需求。Schmookler 指出，为了提高创新主体的收益率，就需要降低创新产品的价格；为了把价格降到一定的程度，就需要在市场中的需求规模有一个底限性的要求①。Edler 和 Georghiou 把这个底限要求的需求规模称为"需求阈值"（threshold）②，也有学者称之为"临界需求"（critical mass）。然而创新产品的技术性能不稳定，普通消费者的需求往往无法满足该需求阈值。因此，需求侧政策的补贴效应体现为保障需求阈值。让创新主体的收益率接近社会收益率，主要表现在两个方面：①能提供巨大的需求规模以达到需求阈值。政府采购规模和范围在迅速扩大，已经成为经济活动中的一支重要的需求力量。2011 年中国的政府采购规模达到 1.13 万亿元人民币，占国家财政支出 11%。在政府采购中，仅政府这一个买家就可以创造一个足够的需求阈值。②公共服务和基础设施中的创新产品使用往往具有示范效应。而公共服务和基础设施的设备/服务也多与政府采购有关③。这些示范效应会对私人消费市场产生间接引导，而间接产生的需求量也将有利于创新产品达到需求阈值④。

三、创新网络与政府采购

上述新古典学派将创新视作特定要素配置的结果，因此研究中往往把技术创新过程看作一个黑箱。也有学者将这个黑箱称为"线性模型"，即基于一种投入科学就必然会产出技术，技术进入市场就必然能满足需求的单向的、线性的假设⑤，这个观点后来受到新熊皮特学派的质疑。Kline 和 Rosenberg 指出这种认识局限的核心在于忽略了后者对前者的反馈影响⑥。因此，新熊彼特学派将技术创新视为一个由科学、技术和市场等多方互动作用构成的复杂过程，重视对黑箱内部运作机制的揭示。从方法论看，新古典学派是均衡分析，而新熊皮特学派则是动力分析。在新熊彼特学派的研究中，对创新活动的认识也有两个阶段，第一个阶段以 von Hippel 的观点为代表，认为创新是企业间互动的协作活动⑦。第二个阶段以 Lundvall 的观点为代表，认为创新是一个包括科学、技术、市场和政府等多方主体在内的系统活动⑧。由此逐渐发展出的

① Schmooker J. Invention and Economic Growth[M]. Harvard University Press, Cambridge, 1966.

② Edler J, Georghiou L. Public Procurement and Innovation: Resurrecting the Demand Side[J]. Research Policy, 2007, 36 (7): 949-963.

③ Edquist C. The ISE Final Report: Scientific Findings and Policy Implications of the Innovation Systems and European Integration[R]. European Commission, 1998.

④ Rothwell R. Technology Based Small Firms and Regional Innovation Potential[J]. Journal of Public Policy, 1984, 4 (4): 307-332.

⑤ Gibbons M, et al. The New Production of Knowledge [M]. Sage, London, 1994.

⑥ Kline S J, Rosenberg N. An Overview of Innovation[G]//Landau R, Rosenberg N. The Positive Sum Strategy. Washington: National. Academy Press, 1986, 275-304.

⑦ Von Hippel E. The Dominant Role of Users in The Scientific Instrument Innovation Process[J]. Research Policy, 1976, 5(3): 212-239.

⑧ Lundvall B A. Innovation as An Interactive Process [C]. Dosi G, 1988 Techrical Change and Economic Theony, London: Printer 1988: 349-369.

创新系统理论[①],根据研究视野的不同又可以分为：国家创新系统[②]、区域创新系统[③]、技术创新系统[④]和产业创新系统[⑤]。在该流派的研究中,最核心的理念在于提出了创新的"系统范式"[⑥]。

该学派认为创新不成功的根源在于,技术没能在创新系统中快速产生和扩散,而扩散低效的原因是系统失灵的问题。该学派对技术创新政策研究的主要贡献是：将政府因素纳入创新系统中,并在系统失灵的视角下重新审视了政府作用。Woolthuis将创新系统的系统失灵分为四类：基础设施失灵、制度失灵、能力失灵以及互动失灵。其中,基础设施、制度和能力失灵在新古典学派的要素模型也有类似的对应表述。而最能体现新熊彼特学派特有的"系统视角"的是互动失灵[⑦]。互动失灵可分为强网络失灵和弱网络失灵。强网络失灵,是指行为主体之间的互动过于强烈,单个行为主体被网络内的其他行为主体指引到错误的方向,因而彼此无法为对方提供必需的知识。弱网络失灵是指,当创新活动各主体间的联系非常薄弱的时候,互动、学习、扩散的过程就会被阻止。强互动失灵与弱互动失灵本质上是统一的,以中国过去30年改革开放的经验为例,依据比较优势理论发展的"两来一补"的低端工业生产,对现阶段技术创新的制约就属于强网络失灵。如要摆脱这种强网络失灵的困境,就需要加强在新兴技术领域的创新网络的弱互动,这又是一个弱互动失灵的问题。

在该认识视角下,政府采购在矫正弱互动失灵的作用体现在：①集中的互动渠道。政府采购能够提供"用户—供应商"互动渠道[⑧]。政府作为单一买家,可以集中地建立采购交易和技术沟通平台,比如各级地方政府一般都有相应的政府采购中心。该平台的建立有利于供求双方在采购过程中充分地就技术性能和技术需求进行互动。②强烈的互动激励。政府采购的需方是一个有严格问责激励的政府,比如国会监督等政治性问责[⑨],以及政府内部监督等行政性问责。

---

① Nelson R R, Winter S G. An Evolutionary Theory of Economic Change[M]. Harvard University Press, Cambridge, 1982.

② Freeman C. Technology and Policy and Economic Performance: Lessons from Japan[M]. Pinter, London, 1987.

③ Cooke P, et al. Regional Innovation Systems: A Literature Review[J]. Business Systems Review, 1997, 26(4): 475-491.

④ Carlsson B, Stankiewicz R. On the nature, Function and Composition of Technological Systems[J]. Journal of Evolutionary Economics, 1991(1): 93-118.

⑤ Malerba F. Sectoral Systems of Innovation and Production[J]. Policy Research, 2002, 31(2): 247-264.

⑥ OECD将创新系统定义为：一组独特的机构,它们分别地或联合地推进新技术的发展和扩散,提供政府形成和执行关于创新政策的框架,是创造、储存和转移知识、技能和新技术的相互联系的机构系统,详见：OECD. National Zystems of Innovation: General Conceptual Framework. DSTI/STP/TIP 94(4)[R]. Paris, 1994.

⑦ Woolthuis R K, et al. A System Failure Framework for Innovation Policy design[J]. Technovation, 2005, 25(6): 609-619.

⑧ Edquist C, Hommen L. Systems of Innovation: Theory and Policy for The Demand Side[J]. Technology in society. 1999, 21(1): 63-79.

⑨ Pollock N, Williams R. Technology Choice and Its performance[J]. Information and Organization, 2007, 17(3): 131-161.

四、创新培育与政府采购

在新熊彼特学派逐渐形成的过程中，出现了两种主要的研究路径，一个是上节所述的创新系统理论，另一个就是演化经济学。与新古典学派相比，创新系统理论和演化经济理论这两个研究视角，都看到了新古典学派要素配置假说和均衡分析方法的局限，因此也都将研究重点转向了经济动力，尤其是创新过程的动力。不过在经济动力分析中，创新系统理论侧重于分析创新技术在系统中的产生和扩散，在宏观层面上关注影响技术生发传播的系统环境，是一种结构主义的认识。而演化经济学则侧重于分析经济演化发展的过程，在微观层面上关注企业组织行为，在中观层面上关注产业结构的变化。

自从 Vernon 提出产品生命周期(product life cycle)概念后，生命周期理论一直是演化经济学的主要研究内容。[①] Vernon 认为，产品和人的生命一样，要经历形成、成长、成熟、衰退这样的周期。在不同的技术水平国家里，这个周期的发生时间和过程是不一样的。在领先国家中，创新技术的生命周期发生早，而跨期短；落后国家则相反。基于该理论，创新政策应该是在形成期减少市场准入限制、给予税收减免等补贴，促进竞争以缩短形成期时间；在成长、成熟期加强产权保护制度，维护优势地位以延长该阶段的时间。这是一个供给侧的理论解释。然而随着“需求侧政策”研究的发展，“供给侧政策”的缺陷也逐渐受到关注。经济学家发现许多在市场上占据主导地位的产品，其技术性能并没有比其他同类产品好很多。最常用的案例就是 QWERTY 键盘。在 QWERTY 设计之初，市场上存在许多打字效率更高的键盘，比如德沃夏克键盘，但后来都没有获得市场的广泛接受[②]。

Utterback 的“主导设计”概念引入了一个需求侧的解释角度。[③] 他认为，主导设计是一种广为接受的满意产品，既在技术上有领先优势，又在对市场上有足够的支配力量。主导设计的较早形成，不仅需要有较早出现的技术可能，而且还依赖于一个较早出现的市场接受。一旦主导设计形成，进入壁垒会显著提高，企业间竞争与产业组织都会因之而改变。因此，对主导设计的争夺逐渐成为创新政策的重要内容。主导设计的较早形成需要尽可能扩大早期使用者的数量。Beise 将这种由早期使用者组成的市场称为“先导市场”(lead market)[④]。为了能够有效形成主导设计，先导市场应该具备如下特点：①需方应有适当的创新需求偏好，但也不能过于特殊，否则将不利于产品向其他市场扩展；②需方有足够的需求规模，使产品有足够的市场基础，否则将不利于进入壁垒的构筑。前者说的是需求的“质”，后者说的是需求的“量”。在世界经济

---

① Vernon R. International Investment and International Trade in the Product Cycle[J]. The Quarterly Journal of Economics, 1966, 80 (2): 190-207.

② Paul D A. Clio and the Economics of Qwerty [J]. The American Economic Review, 1985, 75(2): 332-337.

③ Utterback J M. Mastering the Dynamics of Innovation[M]. Cambridge: Harvard Business School Press, 1975.

④ Beise M, et al. The Emergence of Lead Markets for Environmental Innovations[R]. Berlin, 2003.

论坛(WEF)《全球竞争力报告》衡量地区竞争力的指标体系中,母国需求的"质"是归入创新竞争力因素中的,而对母国内需的"量"则是归入效率竞争力因素中的[①]。由此可见,在创新竞争的目标下,需求的"质"比需求的"量"更关键。

政府采购之所能提供这样的先驱市场,主要是因为采购需求的"质",即创新偏好较高。原因有如下三个方面:①改善社会治理的需要。现代化进程导致了人与自然关系的复杂化,人与人关系的复杂化,其具体表现为新型社会关系和社会事务的剧增[②]。为了满足不断涌现出来的社会新需要,政府在基础设施和公共服务中就要不断地获得创新技术,才能更好地为人民服务。比如,交通规模扩张导致电子眼(智能交通违章监摄管理系统)、ETC(射频自动识别不停车收费系统)等创新技术在公共服务中的应用。②提高行政效率的需要。信息化改革浪潮不断推动"政府流程再造"议题的新发展,例如,比利时和意大利的电子身份证系统、奥地利的电子公文系统、芬兰的电子缴税系统、瑞典的24/7公共服务系统、荷兰的患者就医信息全国联网系统等[③]。因此,政府在很多时候就成了创新技术的先驱用户(lead user),甚至是首购用户(first user)。Dalpe用加拿大全国范围的问卷数据做了一项实证研究,结果也证明,首批用户是公共部门的创新产品占所有创新产品的25%。其中,在铁路运输、通信广播、电力能源、卫生服务、造船业、制药业等产业中,创新技术的首购用户基本上都是公共部门[④]。③部署国际竞争的战略需要。在国际竞争的战略部署中,有一项重要的战略工具就是该国的内需。为评价一个地区的竞争优势,在Porter"钻石模型"中列出了四个因素:当地的资源禀赋、产业组织结构、企业竞争环境以及母国的内需条件。Porter十分看重内需条件,并称之为"产业冲刺的动力"。在他所研究过的产业中,几乎所有的产业都能看到母国内需条件的影响。一个有利于塑造国家竞争优势的内需要符合三个要求:合理的细分市场、内行而挑剔的客户,以及符合大势所趋的需求变化动向。[⑤] 在美国,许多创新技术的成功研制也都得益于政府(尤其在国防)采购中具有前瞻性和高风险性的技术需求。互联网的研究最早出现在美国国防部为满足战争通信需要而进行的采购活动中。GPS全球定位系统和CDMA手机系统也都是源自美国的国防采购。[⑥]

五、三种政策模式及比较

上述三种理论视角对创新活动和创新政策的认识各有差别。进一步分析可以看到,政府采购政策的引入也有其对应的政策原理。基于上述理论视角的梳理,政府采

① WEF (World Economic Forum). Global Competitiveness Report[R]. 2012.

② 郭润生,宋功德. 控权—平衡论[J]. 中国法学,1997(6):48-56.

③ European Commission. Pre-commercial Procurement of Innovation[R]. Brussels,2006.

④ Dalpe R,et al. The Public Sector as First User of Innovations[J]. Research Policy 1992,21(3):S. 251-S. 263.

⑤ Porter M E. The Competitive Advantage of Nations[M]. London:Macmillan,1990.

⑥ Nelson R. Government and Technical Progress[M]. New York:Pergamon Press,1982.

购鼓励创新的政策可以分为：补贴型采购、学习型采购和战略型采购三种模式。三种政策模式的机制、体现与风险各不相同，如表1所示。

表1　政府采购鼓励创新政策的理论与模式

政策模式	理论基础	政策机制	政策体现	政策风险
补贴型采购	新古典经济学	补贴创新主体的知识溢出，使资源配置接近最优	优购政策	国际贸易纠纷，容易引发腐败
学习型采购	系统论	促进"生产者—使用者"间的知识扩散与学习	采购谈判策略，采购需求管理	采购决策权的分离
驱动型采购	演化经济学	创设先导市场，尽早培育成熟的创新产品	首购政策，订购政策	不利于节省财政性资金

新古典学派将创新活动视为资源配置的结果，创新政策的作用在于补贴创新主体的收益率，以提高资源配置效率，尽可能接近帕累托最优。基于该视角，政府采购鼓励创新的政策模式往往以优待创新产品为主要内容，因此被称为"优先采购"（preferential procurement）。对创新产品的优惠待遇也意味着对非创新产品的歧视性待遇，因此往往被称为"歧视性采购"。从政策作用机制的角度看，称为"补贴型采购"更加合适。该政策模式关注的是政府采购中技术需求的"量"，而不是"质"。该政策模式的重点在于采购方式和采购程序的制度建设，集中体现在供应商资质和评审标准中对创新企业的优待以及预算预留的优待。美国国会在1994年通过《联邦采购简化法案》，为了满足政府部门的特殊采购需求，增加了"优先采购"这一新的采购政策。在发展中国家中，南非早在2000年就颁布了《优先采购政策框架法案》。最具争议的问题是优先采购会带来额外的采购成本，与政府采购的节资目标冲突，还可能因过大的自由裁量权而引发滋生腐败①，以及由此引发贸易保护争议②。在中国包容性发展的议题下，也包括了开放性包容的发展目标，因此该政策模式的实施压力会比较大。2007年起实施的政府采购鼓励自主创新的措施，是清单管理的方式，属于优先采购的政策模式，正是在市场开放的压力下很快受到阻碍。

创新系统理论将创新视为知识在多方主体组成的系统网络中的产生和扩散的结果，创新政策的作用在于加强系统互动，以促进知识的产生和扩散。基于该理论视角，政府采购鼓励创新的政策模式旨在重建"用户—供应商"的互动学习关系，因此Newcombe称之为"学习型采购"（procurement as a learning process）③。集中体现在重塑采购过程的努力上，包括采购方式制度和采购程序制度的建设，同时也很关注采购过程中的谈

① Rothkopf M H, et al. Is subsidizing Inefficient Bidders Actually Costly? [J]. Management Science, 2003, 49(1): 71-84.

② Branco F. Favoring Domestic Firms in Procurement Contracts[J]. Journal of International Economics, 1994, 37(1): 65-80.

③ Newcombe R. Procurement as a Learning Process [C]//Ogunlana S. Profitable Partnering in Construction Procurement. Routeledge, NY, 1999.

判技巧。这种政策模式的价值集中体现在如下两个方面:①明确采购的技术需求。如果采购人对技术信息掌握不全,招标书的需求可能会不够明确,既可能会导致供应商随意承诺或者恶性竞争,也会可能导致响应的供应商不足三家而废标。在中国的政府采购实践中,有一种方法是积极发挥专家小组的作用,让专家小组分别与供应商谈判,进一步明确需求后,将新需求内容写入标书,再以新的招标书进行招标。这是一种"学习型采购"的体现,尤其在政府采购制度初创探索阶段,对于政府机构学习适应采购制度的阶段性意义很大。②提高技术转移的效率。Edquist 团队①和 Rouach 团队②分别对瑞典和韩国高速铁路设备采购的采购谈判过程做了研究并指出,一个有利于供需互动学习的采购过程,是一个灵活且充满竞争的采购谈判过程。在该过程中,原先采购招标文件中的性能要求可以改变,甚至技术路线都可以改变。在韩国 KTX 的案例中,烦琐冗长但又灵活弹性的谈判过程有效地压低了 Alstom 的报价和技术转移成本。该政策模式在后发展中国家的技术追赶过程中有广泛应用。在该采购模式中,专家和采购人在技术需求方面的决策权分配将成为该模式成败的关键。

演化经济学理论从技术演化的角度看待创新,并认为成功的技术创新是技术可能性和市场接受度共同作用的结果。因此创新政策的作用在于挖掘高质量的技术需求,促进主导设计的形成。与补贴型采购不同的是,该政策模式关注的是先导市场中技术需求的"质",而不是"量"。因此不仅要在预算管理中划出先导市场的支出份额,更要求政府积极挖掘创新技术在行政管理和公共服务中的采购需求。相比于"价低者得"的节资型政府采购政策导向,该政策模式的目标更加长远,所追求的利益更具战略型,因此被称为"战略型采购"。然而,鉴于节省财政性资金的制度约束,这种采购模式需要采购人有足够的研究能力判断哪些产品应该多采购,哪些应该少采购;是否有新的技术可以应用于公共服务和基础设施。为此,许多国家都已经设立了专业性机构优化政府采购的需求设计③,比如丹麦的国家采购公司(National Procurement Ltd)、英国的政府商务办公室(OGC Buying Solutions)、美国的联邦能源管理项目(Federal Energy Management Program)。当然,该政策模式同样会遇到节资目标冲突和自由裁量过大的风险。该政策模式往往在技术领先的发达国家使用较广。目前中国在一部分新兴产业的技术领域已经开始接近技术前沿并与国际对手展开前沿竞争。前美国能源部长朱棣文指出中国在高铁、电动汽车、超级计算机、可再生能源、清洁煤利用、高压输电和核能七大领域已经超越美国。因此,随着中国科学技术的发展,该政策模式的使用前景将更广。

---

① Edquist C, et al. Public Technology Procurement in Sweden: The X2000 High Speed Train[C]//Edgnist C. , Hommen L. , 2000. Public Technolagy Procnnement and Innovation HOMMEN, 2000.

② Rouach D, Saperstein D. Alstom Technology Transfer Experience: The Case of the Korean Train Express[J]. International Journal of Technology Transfer and Communication, 2004, 3(3).

③ Hommen L, Rolfstam M. Public Procurement and Innovation: Towards A Taxonomy[J]. Journal of Public Procurement, 2009, 9(1): 17-56.

六、政策建议与总结

基于上文对理论视角的梳理，政府采购鼓励创新政策可以分为以下三种模式。

(1) 补贴型采购。在鼓励创新方面的主要作用机制是：补贴创新主体的知识溢出，使资源配置接近最优。该政策模式的理论基础是新古典经济学对优化配置的认识。在我国的政策实践中，主要表现为优购政策。这种政策措施的风险主要表现在三个方面：①由于是选择性的政策优待措施，所以容易在国际贸易中引起关于贸易保护的纠纷；②由于是具有一定自由裁量的政策优待措施，所以容易在政策实施中引发腐败的风险；③对财政资金使用效益的过度关注，导致对诸技术需求在评审环节的评分比重不会很高。

(2) 学习型采购。在鼓励创新方面的主要作用机制是：促进"生产者—使用者"间的知识扩散与学习。该政策模式的理论基础是系统论中对知识扩散的认识。在我国的政策实践中，主要表现为采购谈判策略和采购需求管理。然而通过高效的供需互动促进创新的做法，在我国的政策实践中仍旧存在一定局限。比较明显的是，对技术需求掌握较多的采购人，但采购人在集中采购过程中的参与度较低。作为采购决策主体的评标委员会在促进供需双方互动学习的方面存在一定局限。

(3) 驱动型采购。在鼓励创新方面的主要作用机制是：创设先导市场，尽早培育成熟的创新产品。该政策模式的理论基础是演化经济学中对主导设计培育的认识。在我国的政策实践中，主要体现为首购政策和订购政策。然而通过前沿的采购需求促进创新的政策措施也存在一定风险。一方面，在前沿技术采购中，存在大量试错可能，与政府采购节省财政性资金的政策目标有一定冲突；另一方面，高精尖的采购需求主要出现在相关行业领域主管部门的分散采购中，而非集中采购中，而我国分散采购中的制度建设还有待进一步健全。

综上，文章通过对创新政策理论的梳理，分别在新古典学派、创新系统理论、演化经济学三个理论脉络中分析了政府采购的政策原理，并进而归纳政府采购鼓励创新的三种政策模式，即补贴型采购、学习型采购和战略型采购，以期为此轮政策探索提供分析框架。

Innovation Strategies for Government Procurement Policy: Theory and Model

Wan Ruyi

Abstract: Government procurement is increasingly seen as an attractive and feasible demand-side policy for furthering the goals of an innovation strategy. However, the mixed applications in the policy package tend to decrease the compatibility of incentives among the policy instruments as well as the policy diffusion among countries. This article reviews the mechanism of innovation in government procurement policy from three different theoretical perspectives, including neo-classical theory, innovation system theory, and evolutionary economic theory. Furthermore, the article classifies government procurement policies into three models, which are procurement as a subsidy to invest in innovation, procurement as a learning process, and procurement as a strategy. Lastly, the article discusses the implications of the three models for future public procurement policy making in China.

Key Words: Government Procurement; Technology Innovation; Neo-classical Economics; Neo-Schumpeterian Evolutionary Economics

技术认同度、个体适应性与政府内部治理结构优化
——以城市管理部门为例

叶　岚*

摘　要：相同职能的政府部门，为什么有些能够通过技术革新提升绩效，而另一些尽管采用了类似的技术，却仍得不到明显的绩效改善？基于城市管理部门的案例分析，本研究发现，引入新技术后，成功实现绩效提升的组织具有两个特点：一是技术能够切实起到优化政府内部治理的作用，二是技术能够充分为个体所认同和适应。进一步的研究结果表明，在组织层次，技术有助于提升政府内部治理网络的价值和岗位重要性，促进业务扁平化的实现。在业务单位层次，技术有助于缩小网络规模，减少网络的复杂性。在个体层次，技术能够减少行为的不确定性。最后，本研究对技术与政府内部治理结构要素的影响机制进行总结，形成分析框架。

关键词：政府　治理　技术　结构

一、引　言

现代政府正在经历从管理到治理的转型。20世纪以来，科层制被视为正式组织的理想类型，科层制强调组织目标的准确性、组织行动的可预测性和行动结果的有效性。[①]在科层制中，命令通过严格的等级和规章决定行政人员的职责和行为。[②]有关科层制的批判与科层制的影响力同样引人瞩目，早期以默顿为代表的学者对科层制的非

---

* 清华大学公共管理学院博士研究生。通信地址：北京市海淀区清华园1号清华大学公共管理学院427室，100084；E-mail：zjhz_yelan@126.com。

① Bannis, Warrem G. Organizations of the Future[G]//沙夫里茨，海德，帕克斯. 公共行政学经典. 5版. 北京：中国人民大学出版社，2010：244-255.

② Weber, Max. Bureaucracy[G]//见沙夫里茨，海德，帕克斯. 公共行政学经典. 5版. 北京：中国人民大学出版社，2010：52-57.

人格化假设发起挑战[①];西蒙从分工和控制幅度等组织结构层面对科层制组织结构的内在悖论进行了批判;[②]本尼斯认为,在复杂、多元、变化的内外部环境因素的作用下,未来的组织将更倾向于强调统一、授权、协作和适应。[③]

事实上,在过去20年间,政府内部的治理结构已经发生转变。不少国家的政府结构创新与公共治理经验表明,层级化政府正在向网络化政府转型。[④⑤⑥⑦] 学术界关于网络化治理的研究大体可以划分为:网络形成与嵌入、[⑧⑨]规模与资源、[⑩⑪]构成与结构、[⑫⑬]权力与控制、[⑭⑮]管理与绩效,[⑯⑰]正式与非正式[⑱],以及比较科层结构、市场结构

① Marton, Rabent C. Burearcratic Structure and Personality[G]//沙夫里茨,海德,帕克斯. 公共行政学经典. 5版. 北京:中国人民大学出版社,2010:113-121.

② Simon, Herbert A. The Proverbs of Administration[G]//沙夫里茨,海德,帕克斯. 公共行政学经典. 5版. 北京:中国人民大学出版社,2010:140-153.

③ Bannis, Warrem G. Organizations of the Future[G]//沙夫里茨,海德,帕克斯. 公共行政学经典. 5版. 北京:中国人民大学出版社,2010:244-255.

④ O'Toole, Laurence. Treating Networks Seriously: Practical and Research-Based Agendas in Public Administration[J]. Public Administration Review, 1997, 57(1): 45-52.

⑤ Considine, Mark, Jenny M L. Bureaucracy, Network, or Enterprise? Comparing Models of Governance in Australia, Britain, the Netherlands, and New Zealand[J]. Public Administration Review, 2003, 63(2): 131-140.

⑥ 斯蒂芬·戈德史密斯,威廉·埃格斯. 网络化治理:公共部门的新形态[M]. 孙迎春,译. 北京:北京大学出版社,2008:18.

⑦ 高和·里兹维. 美国政府创新:观察和经验[J]. 陈雪莲,编译. 经济社会体制比较,2009(6):84-91.

⑧ Provan, et al. The Evolution of Structural Embeddedness and Organizational Social Outcomes in a Certrally Governed Health and Human Services Network[J]. Journal of Public Administration Research and Theory, 2009, 19(4): 873-893.

⑨ Schalk, et al. Network Embeddedness and Public Agency Performance: The Strength of Strong Ties in Dutch Higher Education[J]. Journal of Public Administration Research and Theory, 2010, 20(3): 629-653.

⑩ Graddy, et al. Influences on the Size and Scope of Networks for Social Service Delivery[J]. Journal of Public Administration Research and Theory, 2006, 16(4): 533-552.

⑪ Huang Kun, et al. Resource Tangibility and Patterns of Interaction in a Publicly Funded Health and Human Services Network[J]. Journal of Public Administration Research and Theory, 2007, 17(3): 435-454.

⑫ Blair, Robont. Policy Tools Theory and Implementation Networks: Understanding State Enterprise Zone Partnerships[J]. Journal of Public Administration Research and Theory, 2002, 12(2): 161-190.

⑬ Krueathep, et al. Why Do Agencies Work Together? The Determinants of Network Formation at the Subnational Level of Government in Thailand[J]. Journal of Public Administration Research and Theory, 2010, 20(1): 157-185.

⑭ McGuire, Michael. Managing Networks: Propositions on What Managers Do and Why They Do it[J]. Public Administration Review, 2002, 62(5): 599-609.

⑮ Choi, et al. Power and Cognitive Accuracy in Local Emergency Management Networks[J]. Public Administration Review, Special Issue, 2007(12): 198-209.

⑯ O'Toole, et al. Desperately Seeking Selznick: Cooptation and the Dark Side of Public Management in Networks[J]. Public Administration Review, 2004, 64(6): 681-693.

⑰ Hicklin, et al. Serpents in the Sand: Managerial Networking and Nonlinear Influences on Organizational Performance[J]. Journal of Public Administration Research and Theory, 2008, 18(2): 253-273.

⑱ Isett, et al. Networks in Public Administration Scholarship: Understanding Where We Are and Where We Need to Go[J]. Journal of Public Administration Research and Theory, 2011, 21(1): i157-i173.

与网络结构三种不同形态对政府功能和政策目标的适应性[①②]等。

信息技术的引入为公共组织研究开辟了新的视角，突出表现在电子政务理论与实践的兴起。国际上对于电子政务的研究可以划分为政府对公众、政府对企业、政府对政府以及政府对雇员四个大类，[③]涉及电子政务采纳、公民接受度、透明政府、电子民主以及政府转型等方面。[④] 其中，信息技术在实现公共服务目标方面的研究最为常见，而信息技术对政府转型变革的影响还处于探索阶段。不过，学术界已经意识到信息技术是组织变革的催化剂，[⑤]一方面，信息技术产生的信息流有助于扩大组织协调和控制、优化组织内部运转过程、创造和改善合作关系、为决策提供辅助工具，进而带来组织内部监督角色、等级关系、权威结构和文化取向的转变，甚至引发官僚机构纵向与横向的精简，垂直的等级体系将会逐渐被水平化的管理网络所替代；[⑥⑦]另一方面，信息技术可能引发新的权利博弈、政治协商和政策较量，推动政府理念、结构与制度的变革。[⑧] 当然，信息技术也可能遭到组织内部的强烈抵抗，[⑨]甚至强化既得利益者的权力和影响。[⑩]

现有研究表明，一方面，科层制结构面临着理论与实践的双重挑战，结构优化似乎是摆脱陈旧体制，提升政府绩效的有效途径；另一方面，技术对组织绩效的提升似乎又具有两面性。现实中，相同职能的政府部门，有些能够通过技术革新提升绩效，而另一些尽管采用了类似的技术，却仍得不到明显的绩效改善，其背后的深层原因是什么？这需要对政府组织的内部结构进行分层研究，但现有研究多关注作为整体的组织或直接研究组织成员的社会网络[⑪]。研究还将进一步回答，技术采纳与政府内部治理结构要素的影响机制是什么？

---

① Considine, et al. Governance at Ground Level: The Frontline Bureaucrat in the Age of Markets and Networks[J]. Public Administration Review, 1999, 59(6): 467-480.

② Svensson, et al. Reemployment Services in the Netherlands: A Comparative Study of Bureaucratic, Market, and Network Forms of Organization[J]. Public Administration Review, 2008, 68(3): 505-515.

③ Siau, et al. Using social development lenses to understand e-government development[J]. Journal of Global Information Management, 2006, 14(1): 47-62.

④ 孟庆国，等. 2011年国际电子政务研究回顾——基于SSCI文献的分析[J]. 电子政务，2012(5)：50-57.

⑤ [澳]欧文休斯. 公共管理导论[M]. 张成福，王学栋，译. 3版. 北京：中国人民大学出版社，2007：222-224.

⑥ Fountain Jane. The Virtual State: Toward a Theory of Federal Bureaucracy in the 21st Century[G]//Ciulla Kamarck E., Nye J. S. ed. Elaine C K, Joseph S. Democracy. com?: Governance in a Networked World[M]. Hollis, NH, Hollis Publishing, 1999: 139.

⑦ Ake Grönlund. 电子政府：设计、应用和管理[M]. 陈君，白大勇，译. 北京：清华大学出版社，2006：1.

⑧ 杨国栋. 论电子政府构建的政府基础[D]. 长春：吉林大学，2013.

⑨ Richard Heeks. Reinventing Government in the Information Age[M]. London: Routledge Press, 2000.

⑩ 安德鲁·查德威克. 互联网政治学：国家、公民与新传播技术[M]. 任孟山，译. 北京：华夏出版社，2010.

⑪ Moynihan, et al. The Ties that Bind: Social Networks, Person-Organization Value Fit, and Turnover Intention[J]. Journal of Public Administration Research and Theory, 2008, 18(2): 205-227.

二、研究方法和案例背景

本研究选取杭州市上城区城市管理行政执法局作为研究对象,采用单案例研究法,案例数据来自于半结构化访谈、相关文件资料以及现场观摩。访谈和资料收集对象来自杭州市上城区区委、区城管局和区质监分局等单位,均为参与此轮城管执法智能管控平台建设的关键人员。访谈安排于2013年6月,以一对一的方式进行,单轮访谈持续时间为1.5～2小时。上城区城管执法智能管控平台的运行及其影响,属于技术优化政府内部治理结构,进而提升城市管理绩效的成功案例。值得关注的是,宁波等地也曾模仿借鉴,却没能取得明显效果。这就有必要对上城区城管局进行解剖,找出其中的内在逻辑。

上城区是杭州市的中心城区,全区总面积18.17平方千米,户籍人口约33万人,流动人口9.6万人。全区有主要道路67条,次要道路69条,背街小巷391条,沿街商铺7860余家,城管执法工作面临人口密集高、动态人流量大、人均服务强度大三个特点。为了解决过去城管执法工作中工作职责不分解、压力不传递、工作量不明确、制度不落实、工作标准束之高阁、作业信息不对称、管理行为不规范、队伍工作方法陈旧等一系列问题,2010年10月,上城区搭建以标准化为体、信息化为用的“城管执法智能管控平台”。

城管执法智能管控平台运用无线网络传输、全球定位、地理信息、遥感影像、智能分析等核心技术,整合现有数据库和信息平台,通过远程视频监控、数据信息共享、案件实时办理、执法实时监督、决策实时辅助手段,实现管理资源优化整合、管理流程科学再造和管理主体多元参与。同时,平台通过电子督岗、技术巡查和后台支持等方式,搭建全新的管理架构,实现及时发现问题、准确传递工作信息、绩效考核量化评价的功能。这个“全天候、全覆盖、无缝隙”督查的平台建设总投入800万元,城管局原来300多名协管员精简50%,年节省人员费用500多万元。平台上线后,城管局通过电子化管理和标准化作业的“倒逼”机制,耗时一年半,完成了老城管和一线队员工作思路和方法的转变。

智能管控平台上线后,城管局城市管理的软硬件设施一目了然,城管队员的在岗情况和执法过程实时可见,每天上千条动态信息为决策者提供了准确的信息和真实的数据,处理数字城管交办任务的时间由过去3个小时缩短到现在的30分钟。2011年2月统计的城管问题重复发生率较2009年同期减少20%,违章停车抄单数同比下降35%,信访投诉量与2009年同期相比下降10%,区域内未发生一起严重暴力抗法事件,居民群众对上城区城市管理环境卫生满意度在全市排名首位,城市管理总体绩效得到明显提升。

初步分析表明,城管局在实践过程中的一个重要特征是信息技术对部门内部的治理结构产生了影响。因此,可以借鉴组织社会网络的分析视角。奇达夫等提出了组织社会网络研究的三个层次:个体观察层次、业务单位观察层次和组织观察层次,个体观察层次侧重分析认知、个体间关系与小集团,业务单位层次关注业务单位之间的工作流、人员互换、资源交换和信息共享，组织观察层次考察组织间网络联结。[①] 借鉴这个思路，研究从组织层次、业务单位层次和个体层次切入，但将组织层次界定为组织层面的分析而非组织间的联结，探索技术与城管部门内部关系网络的影响机制。

三、组织层次的分析

组织层次，主要指履行城市管理执法职能的政府部门，如城市管理局。为便于分析，将城市管理部门的工作人员划分为高层管理人员（如局长、副局长）、中层管理人员（如中队长）和基层作业人员。各中队结构相近，城市管理执法工作以中队为单位实施，基层作业人员在中队长的带领下开展工作。在研究中，组织层次重点关注高层管理人员与中层管理人员之间的关系结构变化。在高层管理人员和中层管理人员人数和岗位不变的情况下，高层管理人员的主要职责是统筹安排部门整体工作，并进行跨部门的沟通协调；信息技术能够为高层管理人员提供更加充分可靠的决策信息。中队通过业务包干的方式相对独立地开展工作，中队之间的业务合作很少。数据平台的监控与信息交互需要由专门的人员完成，这些专门人员独立于中队，但负责与所有中队以及高层管理者进行信息交流和指令传递。中队与数据平台的操作人员均需对高层管理人员负责。

网络结构的评价指标包括网络完备性、点中心度、图中心势、网络规模和复杂性等。网络完备性取决于网络密度，后者反映网络中各点联系的紧凑程度，密度越大，网络完备性越强；点中心度反映点在网络中的绝对或相对重要性；图中心势反映网络的内聚力在多大程度上围绕特定点形成。[②] 国内基于网络结构分析的实证研究非常少，主要集中在旅游领域。陈秀琼等运用程度中心性、接近中心性和中介中心性指标对福建省的旅游核心区、缓冲区和边缘区进行识别和区分；[③]杨兴柱等运用旅游网络结构评价指标对南京市旅游流进行实证研究；[④]杨效忠等利用点中心度、网络密度等社会网络分析指标对风景名胜区的空间经济联系进行分析。[⑤] 此外，裴蓓运用点中心度指标对文献关键词网络进行分析，提出航空领域的研究热点[⑥]。基于上述对组织层次网络结构的限定和已有实证研究的启示，提出三个假设：

假设 1：其他条件一定时，引入信息技术及其必要支持[⑦]，有利于增加组织层面城管执法网络的完备性，这意味着网络结构发挥的价值在增加。

假设 2：其他条件一定时，引入信息技术及其必要支持，有利于增加组织层面城管执法网络的点中心度，这意味着高层管理人员和中层管理人员的岗位重要性在增加。

---

① 马汀·奇达夫，蔡文彬．社会网络与组织[M]．王凤彬，朱超威，等，译．北京：中国人民大学出版社，2009：5-10.

② 约翰·斯科特．社会网络分析法[M]．刘军，译．2 版．重庆：重庆大学出版社，2007：74.

③ 陈秀琼，黄福才．基于社会网络理论的旅游系统空间结构优化研究[J]．地理与地理信息科学，2006(5)：75-80.

④ 杨兴柱，顾朝林，王群．南京市旅游流网络结构构建[J]．地理学报，2007(6)：609-620.

⑤ 杨效忠，刘国明，冯立新，等．基于网络分析法的跨界旅游区空间经济联系——以壶口瀑布风景名胜区为例[J]．地理研究，2011(7)：1319-1330.

⑥ 裴蓓．基于社会网络的科研查新信息主题网络分析[J]．情报理论与实践，2013(4)：81-84.

⑦ 如专门的信息中心或指挥中心。

假设3:其他条件一定时,引入信息技术及其必要支持,有利于缩小组织层面城管执法网络的图中心势,网络分布更加均匀,这意味着高层管理人员和中层管理人员岗位之间的等级差距在缩小,业务交流趋于扁平化。

上城区城管局有七个中队,一个中队负责一个街道,并配备有一个机动中队(夜间工作或处理突发事件),每个中队由城管队员和协管人员组成,中队规模从十余人到三十余人不等。智能管控平台配备有专门的指挥中心,并为每个中队配备专人进行后台监控,后台操作人员集中管理,独立于中队,并与中队分开考核。将城管局中队以上的管理层视为一个整体。将每个中队视为一个独立的整体,智能管控平台上线前,城管执法局组织层次的关系网络如图1所示。

图1中,a为中队以上的管理层(不含中队),b～h为七个中队(含机动中队),各中队受a领导并对a负责,中队之间业务交叉较少。因此,图1中a的连线是双向的,连线长短没有意义。引入智能管控平台后,将指挥中心新增的后台操作人员视为一个整体,用i表示,则组织层次的关系网络变化如图2所示。

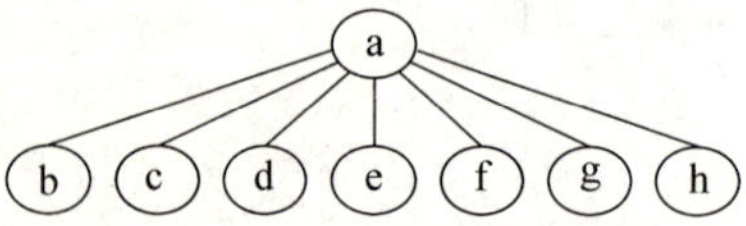

图1 智能管控平台上线前组织层次城管执法局关系网络

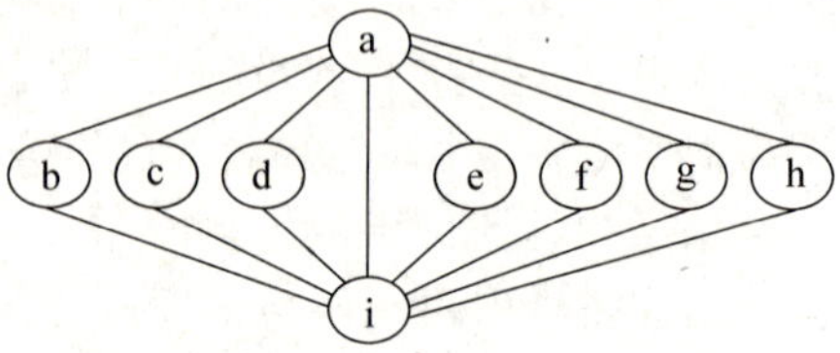

图2 智能管控平台上线后组织层次城管执法局关系网络

分析引入智能管控平台后,通过上城区城管执法组织层次关系网络的密度,考察网络完备性的变化情况,相关数据如表1所示。

表1 上城区城管执法组织层次关系网络密度

	上线前	上线后		上线前	上线后
相连点数	8	9	连线数	7	15
内含度	1	1	密度	0.25	0.42
度数总和	14	30			

表1显示,在引入智能管控平台后,城管执法关系网络的相连点数、度数总和与连线数增加,表明网络的复杂性增加。但内含度仍为1,表明在组织层次没有闲余管理人员。关系网络的密度从0.25增加到0.42,表明尽管网络的复杂性略有增加,但网络的完备性也得到了明显增强。引入平台后,网络的价值得到了更好的发挥,突出表现在三个方面:①是基础数据和动态信息的存储和调用更加便捷完善,如以电子台账取代手工台账,以"电子眼"取代人工排查等,城管执法的工作效率和信息的准确性明显提升;②是可视化的动态信息能够使管理层在极短的时间内准确掌握执法现象的情况及其进展,并在必要时给出指示,批量化的动态信息为管理层明确定位违法行为高发区域等决策提供可靠的研判依据;③是实现了对中队和协管员工作状态的实时监

控，以及对各中队标准化的绩效考核。

表 2　城管执法关系网络价值提升的具体表现

编号	网络价值	前	后	依　　据
1	数据存储和调用的便捷性和完善性	弱	强	“现在我们盘清了所有的家底，多少井盖，多少公共设施，多少扫地的工作量，多少道路需要维修保洁……以前要查某某路的哪个厕所有几个蹲位，需要拿出本子翻上半个小时；现在只要网上一点击，就能知道这里有几个厕所，多少蹲位，哪年修的，维护情况怎么样。” “我们原来的管理就是一笔糊涂账，对讲机听着，哪里有问题了赶去看看，稍微不注意，就可能这里出问题，那里出问题，甚至有时候出了问题你都不知道。”
2	动态、全面、实时、准确的数据采集为决策提供有效依据	弱	强	“现在到每天下午三四点，动态信息就会超过 1000 条，其中 80%～90%是现场处理的动态问题，余下的是需要立案查办的问题。” “对于我们认为在前段时间事情比较多发、投诉比较多的地方（如市容管理、停车管理和违法经营等），我们会将其设置为难热点，要中队经常性地加以关注。” “某些地方如果同一问题（如违章停车、出店经营等）多发，我们会设置智能监控，一旦出现这些行为，系统会自动报警。” “现在平台建立起来，所有的数据真实地展现在你面前，让你的想法都有提升，让你看问题的深度都有提升，有了这个提升以后，就会再去考虑我们哪里出问题了。找到问题，下面就很好办了。找解决问题的办法，大家集思广益，再加点经验，解决办法就出来了。”
3	实时监控与规范化绩效考核的可行性	无	有	“以前上班，这些同志哪个角落去躲一会，躲个一两个小时，谁知道呢，现在躲不了了。” “队员或者协管员需要把现场处理前后的情况通过照片传输到平台上。” “现在我们建了个量化系统，把行业标准和队伍纪律标准化，每天录入队员的工作量、在岗时间和处理方式，进行月度考评，到月底分数一加总，就知道队员的工作状态了。”

数据来源：笔者访谈资料。

综上，假设 1 成立。进一步地，考察城管执法组织层次关系网络的点中心度（见表 3）。绝对点中心度表征与点直接相连的其他点的个数，相对点中心度即点的实际度数与可能联系的最大度数的比值。绝对点中心度越高，表明该点比网络中的其他点更加重要；相对点中心度越高，表明该点比其他网络中的点的相对重要程度更高。

表 3　上城区城管执法组织层次关系网络的点中心度

局部点中心度	a	b	c	d	e	f	g	h	i
前	绝对值	7	1	1	1	1	1	1	1
	相对值	1	0.14	0.14	0.14	0.14	0.14	0.14	0.14
后	绝对值	8	2	2	2	2	2	2	2
	相对值	1	0.25	0.25	0.25	0.25	0.25	0.25	0.25

考察点中心度易发现,智能管控平台上线后,管理层和中队的点中心度都在增加,平台上线后的岗位重要性比上线前有明显提升,主要体现在三个方面:①工作责任传到基层,落到实处,因为疏于值守而造成的高重复投诉率的现象有所缓解;②加强调人岗匹配与能岗匹配,通过转变工作内涵促使各中队能够更好地履行岗位职责;③标准化、规范化的岗位设置,更能体现业务骨干的胜任能力,使得中层管理人员的选拔更加客观公正。

表4 城管执法关系网络岗位重要性提升的具体表现

编号	岗位重要性	前	后	依据
1	落实工作职责	相对困难	相对容易	"以前来了一个投诉,我这里的人员受理后,转交到中队,中队长如果记着,就会告诉队员去处理,中队长一忙,可能就忘了。比如家门口有个小摊贩影响居民休息,这个问题在以前群众可能要投诉200次,现在要求半个小时到现场解决问题,到没到现场,系统自动跟踪。"
2	人岗匹配与能岗匹配			"过去真的没有办法体现岗位和人的差异。现在我们把岗位按照风险高低和难度大小分为不同等级,风险高、难度大的岗位,相应的奖励也高。这样的岗位能力弱的中队不敢选,但能力强的中队会愿意接受挑战。目前来看,没有出现两个中队同时选择一个岗位的情况。"
3	岗位设置反映胜任能力			"原来选拔中层干部时,领导的看法占了很大比重,有些业务骨干默默无闻,领导看不见,就被埋没掉了。现在通过工作量和办案能力等指标,干部选拔起码有50%是参考个人的胜任能力。"

数据来源:笔者访谈资料。

综上,假设2成立。进一步考察图中心势。

表5 上城区城管执法组织层次关系网络的图中心势

上线前		上线后	
实际点中心度的差值	42	实际点中心度的差值	42
点中心度最大可能差	42	点中心度最大可能差	56
图中心势	1	图中心势	0.75

如图1和表5所示,上城区城管执法智能管控平台上线前,组织层次的各中队围绕管理层呈现星型分布,因此,图中心势为1;平台上线后,关系网络的分布更加均匀,图中心势变小,为0.75。事实上,图中心势降低,意味着管理层和中队之间的等级差距缩小,组织层次的关系网络更显扁平化特征,有利于城管执法工作的开展。具体表现在以下两个方面:①常规性的工作联络开始以网络取代行政组织层级之间的传递,在自上而下与自下而上两个方向上建立相互对等的信息沟通渠道;②工作业绩的可视化使得中队能够通过业绩指标提升高层决策的公正性,削弱了等级制下领导意识带来的负激励。

表6　城管执法关系网络等级差距缩小的具体表现

编号	等级差距	前	后	依　据
1	信息沟通渠道的对等性	弱	强	“原来没有这个平台，各个所、市政、城管局的网络都不通；有了这个平台后，2012年我把所有的所长、中队用网络全部打通，现在所有的办公系统全部通用，不用老是召集开会，发个通知就行了。”
2	自下而上的影响	弱	强	“现在中层干部选聘，新上来的中层干部都是业务骨干，原来不一定的。”

数据来源：笔者访谈资料。

综上，假设3成立。这也部分印证了阿格拉诺夫等人的判断：在相互依赖和信息突起的环境中，部门之间或层级之间的界线更像是概念而不是事实上的区别。①

四、业务单位层次的分析

组织层次的研究分析了引入信息技术及其必要支持后，高层管理人员和中层管理人员的关系网络结构变化；业务单位层次的分析将重点研究中层管理人员和基层作业人员的关系网络结构变化。在实际工作中，能否引进新技术的一个重要考虑是技术革新是否会造成短期内行政成本的明显增加。从执法效果上看，智能管控平台能够部分取代机械式的人工巡逻，实现“无死角”监管。据此，研究假设，技术革新的经费来自技术对人员的替代所节省的人事开支。

在中层管理人员和基层作业人员的关系模式中，作业人员之间以团队形式在中队管理人员的指挥下开展工作，并对中队负责，因此各个主体之间都存在紧密的双向联系。基层作业人员精简后，中队规模缩小，但各个主体之间的连通路径不变。以“城市管理体制”为主题的文章汗牛充栋，但几乎都集中于执法权限配置、纵向部门设置以及各地做法介绍，②③没有发现从城管部门内部不同主体间网络规模和复杂性角度开展的研究。以下三项假设主要基于对上城区城管局的深入观察得出。

假设4：其他条件一定时，技术对人员的替代性越高，业务单位层面越能够在不牺牲关系网络完备性的情况下，缩小网络规模，较少网络的复杂性。

假设5：其他条件一定时，技术对人员的替代性越高，业务单位层面越能够在不牺牲相对点中心度的情况下，缩小网络规模，较少网络的复杂性。

假设6：其他条件一定时，技术对人员的替代性越高，业务单位层面越能够在保持原有图中心势(即扁平化结构)的基础上，缩小网络规模，较少网络的复杂性。

---

① 罗伯特·阿格拉诺夫，迈克尔·麦圭尔．协作性公共管理：地方政府新战略[M]．北京：北京大学出版社，2007：2.

② 余钟夫，马亚西，乔智玮．城市管理体制如何应时而变，变当其用——基于广州、深圳城市管理体制改革的调查分析[J]．城市管理前沿，2011(4)：18-21.

③ 朱胜玉，李鑫．完善无锡市城市管理体制机制建议[J]．城市管理与科技，2014(1)：71-72.

业务单位层次的分析以城管执法中队为分析单元,案例显示,城管执法智能管控平台上线后,城管局的中队规模精简到原来的一半,而此前的中队规模为十余人到三十余人不等。为简便起见,以10人和30人组成的中队为例,各中队均有一名中队长。

表7 城管执法智能管控平台上线前后中队关系网络变化

中队规模	10人		30人	
时间状态	上线前	上线后	上线前	上线后
相连点数	10	5	30	15
内含度	1	1	1	1
度数总和	90	20	870	210
连线数	45	10	435	105
密度	1	1	1	1

根据城管执法的实际经验,中队长与协管员以及协管员之间均以团队形式开展合作,业务关系紧密,因此,中队各成员彼此之间有频繁的双向联系。表7显示,城管执法智能管控平台上线后,不同规模的中队关系网络相连点数减少到原来的50%(已知,取平均情况),网络的内含度始终为1。规模为10人的中队的关系网络度数从上线前的90下降到上线后的20,规模为30人的中队的关系网络从上线前的870下降到上线后的210,易得,无论平台上线前的中队规模大小,中队关系网络的规模和复杂性都有显著下降,并且初始规模较小的中队,复杂性程度下降得更快。进一步,平台上线前后,10人中队的关系网络连接数从45下降到10,30人中队的关系网络连接数从435下降到105,但网络密度始终为1。

业务单位层次,决定中队关系网络变化的一个核心变量是中队规模的有效缩减,换言之,协管员数量的减少主要带来两大影响:一方面,协管员规模的减少意味着未来各年这部分群体的人员开支得到节省,从而在避免显著增加行政成本的前提下实现了技术对人力的替代;另一方面,需要考虑的问题是,这种技术对人力的替代是否有效,会对不同主体和社会福利产生怎样的影响?调查显示,上城区在城管执法领域进行的技术替代是有效的,主要表现在三个方面:①与目前公共部门的人员结构有关,被精简的协管员均为城管执法部门的临时雇用人员,解聘成本较低。同时,在一定程度上扭转了执法部门因为在编人员不足而扩大编外人员的运作方式。②当前社会普遍存在媒体曝光城管暴力执法事件后,城管执法部门推脱当事人为城管部门的临时雇员而非正式用工。这些非正式用工人员规模的减少,有助于将城管规范执法的责任回归到城管执法部门本身,有助于通过改善运作提升公共部门的形象。③提升中队执法的整体水平,智能城管平台的上线,对中队队员和协管员适应和使用手持终端设备和处理信息化数据等方面提出了更高的要求,那些无法适应新的胜任能力要求的协管员更容易在此轮精简中出局。

表8 技术替代人员的可行性问题

编号	协管员	依据
1	业务激增导致人员不足	“过去20年，城市管理部门面临的问题和矛盾像温水煮青蛙一样，慢慢积累起来。现在解决问题的唯一办法就是招人，协管员就是这样产生的。”
2	市场化缺陷	“有些法律法规赋予政府部门去做的事情，无法通过市场化的手段解决，比如城管行政执法和城市管理监督。目前城管部门没有人，只能招协管员应付这些事情，一旦出现问题(暴力执法)，就容易推脱成协管员的责任。”
3	胜任能力的提升	“对于中队长而言，手上的人少了这么多，事情反而比原来多。” “宁波市委书记过来学习之后，说宁波建的系统‘架子看看(跟上城)差不多了，但是内容上还差远了’。设备、软件都可以复制，人不能复制。” “工作内涵改变后，队伍素质明显提高，一是外部约束力更强了，中队队员一到岗就被监控；二是城管队员自己的素质也进一步提高。”
4	工作饱和度增加	“现在对现场作业人员的要求更高了，一线执法人员的工作压力更大了，队员的自我约束能力强了。”

注：以上内容来自于笔者对城管局某领导的访谈。

综合上述分析，假设4成立。

同理，中队关系网络规模缩小后，中队成员之间两两联系的业务模式没有改变，因此网络的相对点中心度均为1，由此，假设5成立。值得说明的是，以尽可能简洁的网络结构实现尽可能充分的关系往来是提高网络有效性的重要表现，因此，上城区的实践表明，城管执法智能管控平台较好地提升了中队内部信息传输的效率，在某种程度上提高了网络的有效性。同样地，比较中队关系网络的图中心势，容易观察到，不同规模的关系网络的分布非常均匀，表7中四种状态下图中心势相等，由此验证了假设6。

五、个体层次的分析

个体层次的分析与关系网络的分析存在差异，研究将从个体认知、行为和与相对人的关系三个方面加以分析。受我国政府部门人事制度和财务制度的影响，无论是人员数量、结构调整还是技术引进与革新，一般都是自上而下推动的，由此也带来了个体认知层面不同程度的影响。

（一）个体认知

研究表明，人们对技术的心理反应对技术的实现影响较大。技术心理包括技术认知、情感、动机和态度等。技术认知是指人们对技术的认识和理解，受技术所处的时代背景、技术自身的特点以及个体的价值观等因素的影响；个体对技术的情绪感受影响个体的技术认同，积极的情绪有助于推动技术参与和技术实现。①

① 陈凡，刘玉劲. 社会公众的技术心理及其调适——论技术社会化过程中的社会心理问题[J]. 自然辩证法通讯，1993(2)：33-42.

对于城管执法部门,最开始,高层管理人员、中层管理人员和基层作业人员对新技术的接受程度逐级递减。通常,高层管理人员对技术的需求最明显,是技术引进与技术创新的推动者,一般对技术的认同度最高;但新技术的使用,不仅需要基层作业人员学习和适应新设备的作业方式,而且整个作业过程被全时段监控,随着作业规范化水平的提高,附着在基层作业人员身上的活动空间限制和工作约束力也在增强,难免使他们产生对新技术的抵触心理。对于中层管理人员而言,一方面,新技术能够帮助他们更好地监督和管理基层作业人员,这使得他们对技术有一定的认同度;另一方面,新技术对他们转变传统的执法方式,适应电子化设备和信息化通信提出了新的要求,同时他们还受基层作业人员的压力,因此,对新技术的认可度不及高层管理人员。

随着时间的推移,可能发生两种情况:①在高层管理人员的强力推进和系统化的学习培训下,中层管理人员和基层作业人员慢慢适应新技术,并意识到新技术带来的作业优势,从而渐渐增强认同度,这将使得技术推动组织革新成为现实;②基层作业人员对新技术的抵触情绪过强或者接受适应能力不足,导致新的作业模式无法取代传统作业模式,而高层管理人员的影响力又无法抵御强大的组织惯性,其结果是新技术被束之高阁,组织仍按原来的状态运行。基于上述分析,基层作业人员的技术认同有助于推进技术实现。

假设7:其他条件一定时,基层作业人员对新技术的认同度越高,新技术越容易在组织中发挥作用。

(二)个体行为

从我国现行城管执法部门的编制情况看,高层管理人员和中层管理人员普遍为编内人员,在享受行政资源的同时,也受到较强的纪律规范和行政性约束,因此,采取破坏性行为阻止新技术的可能性很低。但"上面千条线,底下一根针"的行政生态使得基层政府部门普遍存在人手不足的问题,临时雇佣编外人员成为缓解现状的权宜之计。但相比于在编人员,编外人员存在内在激励低、外在约束弱的现象,在新技术面前,可能表现三种不同的行为方式:①学习并使用新技术;②离职;③联合起来,破坏或抵制新技术。第一种情形无疑是高层管理人员和中层管理人员最乐于见到的,这将大大降低技术引进成本,减少组织变革中的内耗和损失。在第二种情形下,适量的人员离职,能够减少新技术下基层作业人员的冗余,有利于控制行政成本。但过度的人员离职,会迫使组织在引进新技术的同时,产生额外的作业人员搜寻成本或追加基层作业人员的工资待遇。第三种情形将给技术引进期间的组织造成混乱,必要时管理者需要通过强制性措施将其转化为第一种或第二种情形。研究认为,第一种情形下基层作业人员对新技术的适应性最强,第二种情形次之,第三种情形最弱。

假设8:其他条件一定时,基层作业人员对操作新技术的适应性越强,新技术越容易在组织中发挥作用。

（三）与相对人的关系

与相对人的关系指基层作业人员与执法对象的关系。城市管理执法部门的工作特征在于监督、管理和规范执法对象的违法行为，如违章经营、违章停车等。基层作业人员在履行职责的过程中，一定会带来与执法对象的紧张关系。传统的管理模式缺乏及时有效的取证环节，为执法对象逃脱责任带来可乘之机，也容易引起基层作业人员和执法对象之间的口角甚至是肢体冲突。新技术使得远程监控、远程联络、现场取证和实时传输成为可能，原来执法过程中的模糊地带变得清晰可视。一方面，一些违法行为（如违章停车）不再依赖面对面的现场执法，降低了执法双方发生直接冲突的可能性；另一方面，在基层作业人员自由裁量权受到管理者监督的同时，中层甚至是高层管理人员也可以通过实时传输的信息指导基层作业人员正确处理违法事件。基于上述分析及对上城区的观察访谈，提出假设 9。

假设 9：其他条件一定时，在线监控和通信技术将减少基层作业人员和执法对象行为的不确定性。

表 9　个体层次分析的实证依据

编号	关键词	依　据
1	增加认同度	（挑战）"……受到的限制是人的观念和理念，整个平台要靠人指挥和运作，我们做了很多的努力，召开了一次又一次的研讨会统一思想……老城管的工作思路已经根深蒂固，突然的改变，会一下子转变不过来，科技的力量他们还没有体会到。" （措施）"经过一年半以上，才逐步逼着他们、强制性地要求他们转变过来。所有的中队长都到指挥平台上来，每天都有人来，一天换一个。中队领导必须熟悉掌握中队辖区的问题。"
2	提高适应性	（措施）"协管员的待遇提高了，现在一线协管员的待遇等于原来一个半人，应该说一线工作人员的收入最起码比原来提高 50%。中队队员岗位差异拉开之后，有能力的队员待遇也在提高，干得好的队员，一个月奖金能拿到 1000 多元。"
3	改善与执法对象的关系	"街上开了很多店，原来城管每天在店门口晃来晃去，队员烦，店主也烦。生意好，店老板心情好，会比较配合；队员心情好，讲话比较客气；大家心情都不好，两句话就吵起来了。" "现在所有店家我们后台监控都可以看到，哪家店东西摆出来了，我们电话打过去提醒一下，店主一般比较配合，我们的队员就不用去了。这样不但避免了矛盾，而且效果更好。"

注：以上内容来自于笔者对城管局某领导的访谈。

通过表 9 的实证依据易得，个体层次分析的三个假设成立。

六、结　论

本研究结果表明，尽管不少学者担心技术的负面性会给组织带来额外的负担，甚至超出其正面价值，但现实中，技术革新促进绩效提升的例子仍然存在。当然，另一些职能相同、技术相似的政府部门,却没能取得类似的绩效改进。研究发现,成功实现绩效提升的组织具有两个特点:①新技术起到了优化政府内部治理结构的作用;②新技术能够充分为组织成员认同和适应。同时满足这两个条件的组织,更有可能在技术革新中提升绩效。进一步地,从技术采纳与治理结构优化的影响机制(图 3)看,在组织层次,技术有助于提升关系网络的价值和岗位的重要性、促进业务关系的扁平化;在业务单位层次,技术有助于缩小网络规模,减少网络的复杂性;在个体层次,技术能够产生约束力,减少行为的不确定性。组织社会网络的分析视角表明,上述三个层次的影响部分显示了政府组织内部的网络化治理趋势。

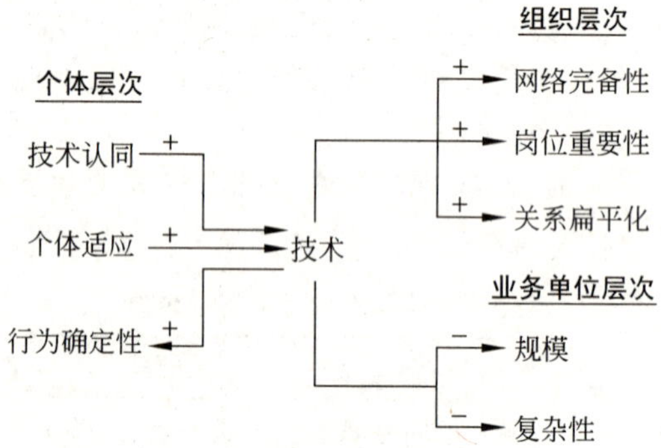

图 3　技术与政府内部治理结构的影响机制

当然,研究只是对技术认知、个体适应和政府内部治理结构优化的微观切片作出分析,后续研究至少可以从两方面进行拓展和延伸:①研究关注的是城市管理部门的技术更新与内部治理问题,那么,对于不同的政府职能和组织类型,技术与治理的相互影响对组织绩效的解释力是否会发生变化?②研究关注的是技术与治理结构之间的关系,技术与除结构之外的其他治理因素的关系有待进一步挖掘。

Technology Acceptance, Individual Adaptability, and Optimization of Governance Structure Within the Government: The Case of an Urban Management Department

YE Lan

Abstract: Why do some government departments succeed in promoting performance when technology is renewed, whereas others with similar functions and technologies fail? Based on a case study of an urban management department, at least two factors are found to be determinants of government performance when there are changes in technology. First, the newly introduced technology must result in the optimization of internal governmental governance. Second, acceptance of the technology and individual adaptability must be sufficient within the organization. Further, at the organizational level, the technology must be favorable to promote the value of the network, enhance the importance of the job, and promote the business to flatten the administrative relationships. In terms of the operating units, technology can be helpful to downsize the network and to reduce its complexities. At the individual level, technology can reduce behavioral uncertainty. Finally, a framework demonstrating the interactions of technology and the structure of governance is proposed.

Key Words: Government; Governance; Technology; Structure

农村寄宿制小学生生活满意度研究
——以H省X县为例

曹 峰* 滕 媛** 黄梦杰***

摘 要：随着农村小学撤点并校的实施，我国农村地区兴建了许多寄宿制小学。农村寄宿制小学的兴建有利于解决撤点并校带来的上学远、上学难的问题。但是儿童过早离开家庭，到学校寄宿，对他们的身体、心理、学习、生活等方面会产生影响。本研究考察了农村小学寄宿生生活满意度现状，比较了寄宿生与走读生生活满意度的差异，并探讨了影响寄宿生生活满意度的因素，从而为提高农村小学寄宿生生活满意度提供思路，以促进寄宿生身心健康发展。

关键词：生活满意度 寄宿制学校 寄宿生

一、问题的提出

随着农村小学撤点并校的实施，我国农村地区兴建了许多寄宿制小学。根据教育部公布的数据，2010 年全国义务教育阶段学校寄宿生的规模达到 3343.52 万人，比 2009 年增加 14.56 万人，占义务教育阶段在校生总数的 21.97%。[①] 为了保障寄宿制学校的教学条件，国家投入了大量经费，出台了一系列措施以加强寄宿制学校建设。同时，国家颁布了《关于进一步做好农村寄宿制学校建设工程实施工作若干意见》等法律法规，用以加强和规范寄宿制学校的建设。农村寄宿制小学的兴建有利于解决学生上学远、上学难的问题，也有利于整合教育资源、缩小城乡教育差距、促进教育均衡发展。但是儿童过早离开家庭，到学校寄宿，对他们的身体、心理、学习、生活等方面会产生影响。

---

* 曹峰，清华大学公共管理学院就业与社会保障研究中心副主任，中国应急管理研究基地(北京市哲学社科规划办资助)副主任、讲师。

** 滕媛，北京师范大学教育学部教育管理学院教育经济与管理系硕士研究生。

*** 黄梦杰，华东师范大学公共管理学院教育经济与管理系硕士研究生。

① 2010 年全国教育事业发展统计公报[EB/OL].(2012-03-23) http://info.jyb.cn/jytjk/201203/t20120323_484632.html.

目前许多学者对寄宿生的身心健康、学习情况、社会适应性等进行了研究。如张德甫对某小学134名寄宿生营养状况进行分析，发现该小学住宿生钙摄入严重不足。① 范洪江的调查显示，寄宿中学生抑郁和焦虑的得分均高于普通中学生。② 杜屏等人通过对西部五省区农村小学寄宿生进行调查，发现小学四年级寄宿生的数学成绩好于四年级学生总体，语文成绩没有差异。③ 刘先丽研究了低龄寄宿对农村小学生社会化的影响，发现低龄寄宿有利于学生成绩、自理能力的提高和视野的开阔。但也有一些不容忽视的问题，如低龄寄宿学生对爱的感受匮乏，角色扮演、行为习惯、人格等存在一定的偏差，且其卫生健康缺乏保障。④

可见，学者们对农村小学寄宿生的心理健康问题进行了充分关注，但是对寄宿小学生生活满意度的研究却非常鲜见。生活满意度（Life Satisfaction，LS）是个体基于自身选择的标准对其生活质量做出的总体性认知评估。⑤ 根据评价对象不同，生活满意度可分为一般生活满意度和特殊生活满意度。一般生活满意度是个体对自己生活质量的总体评价，特殊生活满意度是个体对不同领域（如家庭、学校、友谊等）生活满意度的具体评价。⑥ 作为衡量人们生活质量的一个重要的指标，生活满意度不仅反映人们对自己当前生活的评价，而且还影响人们对未来生活的期望和追求。⑦

因此，本研究拟考察农村小学寄宿生生活满意度现状，比较寄宿生与走读生生活满意度的差异，并探讨影响寄宿生生活满意度的因素，从而为提高农村小学寄宿生生活满意度提供思路，以促进寄宿生身心健康发展。

二、研究设计

（一）研究模型构建

综合已有研究结果，本文将生活满意度分为家庭满意度、学校满意度、友谊满意度、学业满意度、自由满意度和环境满意度六个维度。已有研究表明，家庭环境、亲子关系、社会文化环境、人口统计学变量等对青少年生活满意度有影响。⑧ 本研究将根

---

① 张德甫，等. 某小学134名寄宿生营养状况[J]. 中国学校卫生，2003(3)：239-240.

② 范虹江. 寄宿制初一学生焦虑、抑郁和应付方式研究[J]. 中国学校卫生，2004(1)：54.

③ 杜屏，赵汝英，赵德成. 西部五省区农村小学寄宿生的学业成绩与学校适应性研究[J]. 教育学报，2010(6)：84-91.

④ 刘先丽. 低龄寄宿对农村小学生社会化的影响[D]. 长春：吉林大学，2007：35.

⑤ Shin，D C，Johnson D M. Avowed Happiness as an Overall Assessment of the Quality of Life [J]. Social Indicators Research，1978(5)：480-492.

⑥ 田丽丽，刘旺. 多维学生生活满意度量表中文版的初步测试报告[J]. 中国心理卫生杂志，2005(5)：301-303.

⑦ 喻永婷. 陕西农村初中留守儿童主观幸福感研究[D]. 西安：西北大学，2010：31.

⑧ Gilman R，Huebner E S. A Review of Life Satisfaction Research with Children and Adolescents [J]. School Psychology Quarterly，2003(2)：192-205.

据寄宿生的生活环境状况,从个人因素、家庭因素、学校环境、寄宿情况四个方面探究影响寄宿生生活满意度的因素。因此本文构建如图1所示的研究模型。

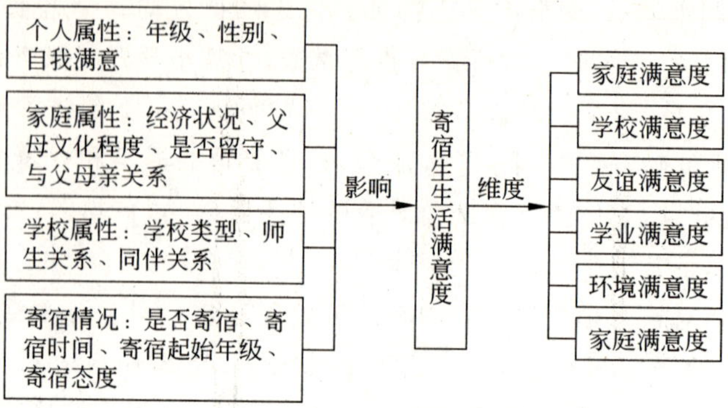

图1　农村小学寄宿生生活满意度的分析模型

本文提出以下假设。

H1：农村小学寄宿生与走读生生活满意度差异显著。

H2：不同年级的寄宿生生活满意度各方面存在差异。

H3：男生与女生的生活满意度各方面存在差异。

H4：自我满意度对寄宿生生活满意度有显著影响

H5：家庭经济状况对寄宿生生活满意度有显著影响。

H6：父母文化程度对寄宿生生活满意度有显著影响。

H7：是否留守对寄宿生生活满意度有显著影响。

H8：与父母关系对寄宿生生活满意度有显著影响。

H9：不同学校类型的寄宿生生活满意度存在显著差异。

H10：师生关系、同伴关系对寄宿生生活满意度有显著影响

H11：寄宿情况(寄宿时间、寄宿起始年级、寄宿态度、家校距离)对寄宿生生活满意度有显著影响。

(二) 样本选取与调查实施

本次调查采用分层抽样的方法,从H省X县选取2所中心小学和4所完全小学①进行施测。在问卷发放前,向各个班主任讲解问卷发放的注意事项,由各个班主任将问卷发放给学生,利用班会课20分钟时间由学生独立完成问卷,并由班主任收集问卷。共发放问卷700份,经筛选得出有效问卷有638份,问卷有效率为91.14%。样本基本情况如表1所示。

① 中心小学指一个乡镇所有小学的领头校,地点在镇上。完全小学指包含一至六年级的小学,地点常在村里,不在镇上。

表 1　研究对象基本情况

单位：人

年级 \ 是否寄宿	寄宿生			走读生		
	男	女	小计	男	女	小计
三年级	44	41	85	33	35	68
四年级	43	44	87	38	34	72
五年级	53	56	109	27	35	62
六年级	46	48	94	26	35	61
合　计	186	189	375	124	139	263

（三）测量工具与数据分析

本研究参照张兴贵等编制的青少年生活满意度量表，[①]修订成“寄宿生生活满意度量表”，共 36 个项目，包括家庭满意度、学校满意度、环境满意度、友谊满意度、自由满意度和学业满意度六个维度。采用五点计分法。因子分析结果表明，量表各题的临界值均达到 0.05 的显著水平，各题与量表的总分均为显著相关，同质性信度在 0.675～0.857，说明该量表具有较高的信效度。调查所得数据使用 SPSS18.0 统计软件进行处理和分析。

三、研究结果

（一）农村小学生生活满意度现状分析

1. 农村小学生整体生活满意度

图 2 表明，样本小学生生活满意度总分在各分数段上的分布大致与正态曲线吻合，以平均分 3.64 为标准，得分高于平均分的人数为 329 人，得分低于平均分的人数为 306 人，得分等于平均分的有 3 人。可见农村小学生的整体生活满意度处于中等偏上水平，大部分学生对生活是基本满意的。

2. 农村小学寄宿生与走读生生活满意度比较

对农村小学寄宿生与走读生生活满意度进行独立样本 T 检验，结果如表 2 所示。

表 2　寄宿生与走读生生活满意度比较情况（$M\pm SD$）

生活满意度	寄宿生（$n=375$）	走读生（$n=263$）	T
友谊满意度	3.51±0.64	3.63±0.65	−2.414*
家庭满意度	4.15±0.73	4.13±0.71	0.227
学校满意度	3.63±0.80	4.04±0.69	−6.698**

① 张兴贵，何立国，郑雪. 青少年学生生活满意度的结构和量表编制[J]. 心理科学，2004(5)：1257-1260.

续表

生活满意度	寄宿生（n=375）	走读生（n=263）	T
学业满意度	3.31±0.76	3.39±0.72	−1.459
自由满意度	3.36±0.82	3.39±0.84	−0.352
环境满意度	3.56±0.76	3.79±0.67	−4.060**
整体生活满意度	3.58±0.51	3.71±0.46	−3.397**

*、** 分别表示在 5%和 1%水平上显著。

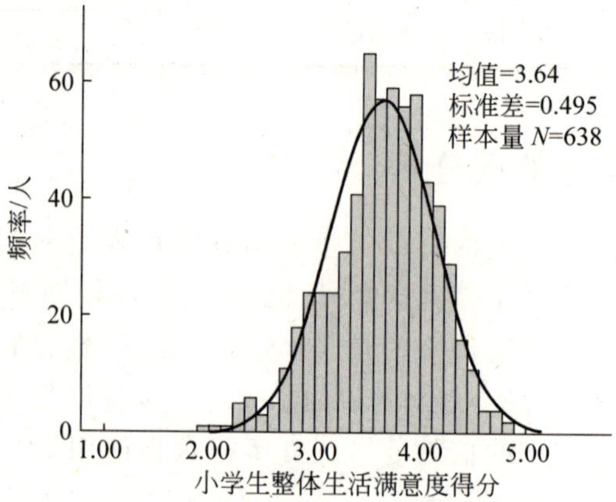

图 2　样本小学生整体生活满意度直方图

由表 2 知，农村小学寄宿生与走读生的整体生活满意度存在显著差异（$p<0.01$），寄宿生的整体生活满意度、友谊满意度、学校满意度和环境满意度显著低于走读生，即寄宿生对生活、友谊、学校以及周围环境有较多不满意的地方。

3. 个人属性与寄宿生生活满意度的关系

表 3　小学寄宿生生活满意度在性别、年级分类变量上的得分（*M*±*SD*）

		友谊满意度	家庭满意度	学校满意度	学业满意度	自由满意度	环境满意度	整体生活满意度
性别	男	3.48±0.62	4.08±0.72	3.60±0.79	3.348±0.73	3.35±0.81	3.51±0.74	3.56±0.49
	女	3.53±0.67	4.21±0.73	3.66±0.82	3.26±0.79	3.37±0.83	3.61±0.78	3.60±0.53
	T	−0.668	−1.690	−0.746	1.162	−0.196	−1.190	−0.733
年级	三	3.62±0.55	4.02±0.70	4.15±0.63	3.63±0.70	3.29±0.84	3.72±0.75	3.72±0.41
	四	3.66±0.61	4.14±0.71	4.25±0.57	3.36±0.63	3.38±0.84	3.92±0.61	3.76±0.45
	五	3.57±0.74	4.10±0.80	3.87±0.79	3.27±0.70	3.36±0.82	3.82±0.63	3.65±0.51
	六	3.68±0.71	4.28±0.61	3.84±0.70	3.31±0.80	3.51±0.85	3.70±0.68	3.71±0.50
	F	0.376	1.551	6.178**	3.402*	0.784	0.694	1.613

*、** 分别表示在 5%和 1%水平上显著。

经独立样本 T 检验发现，不同性别的小学寄宿生在各维度度上差异不显著，即性别对寄宿生生活满意度无显著影响（表3），男女生的生活满意度及各维度的满意情况差异不大。

经单因素方差分析发现，不同年级的小学寄宿生在学业满意度和学校满意度上存在显著差异，在其他维度上无显著差异。经LSD事后检验发现，在学业满意度上，三年级显著高于五、六年级学生，三、四年级学生的学业满意度无显著差异；在学校满意度上，三年级显著高于六年级，四年级显著高于五、六年级，三、四年级学生的学校满意度无显著差异。由此可见，低年级学生生活满意度普遍高于高年级（表3）。

4. 家庭属性与寄宿生生活满意度的关系

为了探讨不同家庭环境对小学寄宿生生活满意度的影响，本文从父母的文化程度、家庭经济状况、留守类型、与父母亲的关系进行分析。

通过单因素方差分析发现，父亲文化程度不同的小学寄宿生仅在友谊满意度上有显著差异（$p<0.05$）。事后检验知，父亲文化程度为高中及以上的，小学寄宿生的友谊满意度得分显著高于父亲文化程度为初中及以下的，即父亲文化程度较高的学生对他们的友谊情况更加满意。母亲的文化程度对小学寄宿生的整体生活满意度及各维度均无显著影响，具体结果如表4所示。

表4　不同父母文化程度的小学寄宿生的生活满意度比较（*M*±*SD*）

生活满意度		小学及以下	*n*	初中	*n*	高中及以上	*n*	*F*
友谊满意度	父	3.50 ±0.63	189	3.45 ±0.67	142	3.79 ±0.56	36	4.097*
	母	3.50 ±0.64	233	3.54 ±0.65	82	3.50 ±0.64	52	0.124
家庭满意度	父	4.08 ±0.75	189	4.23 ±0.70	142	4.16 ±0.72	36	1.582
	母	4.17 ±0.73	233	4.18 ±0.67	82	4.00 ±0.79	52	1.295
学校满意度	父	3.60 ±0.77	189	3.59 ±0.82	142	3.86 ±0.77	36	1.778
	母	3.60 ±0.81	233	3.64 ±0.76	82	3.69 ±0.78	52	0.312
学业满意度	父	3.24 ±0.76	189	3.35 ±0.76	142	3.52 ±0.76	36	2.450
	母	3.29 ±0.77	233	3.34 ±0.80	82	3.35 ±0.68	52	0.236
自由满意度	父	3.29 ±0.84	189	3.41 ±0.76	142	3.57 ±0.92	36	2.153
	母	3.38 ±0.81	233	3.41 ±0.81	82	3.21 ±0.89	52	1.110
环境满意度	父	3.50 ±0.74	189	3.64 ±075	142	3.55 ±0.87	36	1.499
	母	3.58 ±0.75	233	3.55 ±0.78	82	3.48 ±0.78	52	0.403
整体满意度	父	3.53 ±0.50	189	3.60 ±0.51	142	3.75 ±0.54	36	2.960
	母	3.58 ±0.52	233	3.61 ±0.51	82	3.53 ±0.48	52	0.311

*表示在5%水平上显著。

将不同家庭经济状况的寄宿生的生活满意度进行单因素方差分析，其结果如表5

所示。由表5知,不同家庭经济状况的小学寄宿生的友谊满意度、学业满意度、自由满意度以及整体生活满意度存在显著差异。经LSD事后检验知,家庭经济状况较好的小学寄宿生在整体生活满意度、友谊满意度、学业满意度、自由满意度上的得分均显著高于经济状况较差的小学寄宿生,即家庭经济状况较好的学生对他们自己的生活、友谊、学业、自由情况更加满意。

表5　不同家庭经济状况的寄宿生生活满意度比较(M±SD)

生活满意度	富裕(1) $n=61$	一般(2) $n=178$	困难(3) $n=134$	F
友谊满意度	3.69±0.65	3.56±0.59	3.35±0.68	7.424**
家庭满意度	4.24±0.65	4.19±0.73	4.04±0.73	2.172
学校满意度	3.75±0.82	3.65±0.80	3.54±0.80	1.638
学业满意度	3.53±0.73	3.36±0.74	3.14±0.77	6.353**
自由满意度	3.55±0.76	3.40±0.80	3.22±0.85	3.898*
环境满意度	3.54±0.76	3.62±0.77	3.48±0.74	1.245
整体满意度	3.72±0.46	3.63±0.52	3.45±0.50	7.477**

*、** 分别表示在5%和1%水平上显著。

本文将留守小学寄宿生与非留守小学寄宿生的生活满意度进行独立样本 T 检验,发现两者的整体生活满意度及各维度均无显著差异。但是,在留守小学寄宿生内部,进行单因素方差分析,发现不同留守类型(分为母亲单独外出、父亲单独外出、父母双方均外出三种类型)的小学寄宿生在自由满意度上差异显著($p<0.05$)。父亲单独外出的小学寄宿生的自由满意度得分高于父母均外出的小学寄宿生,即母亲在家的留守小学寄宿生的自由满意度高于母亲不在家的学生。具体结果如表6所示。

表6　不同留守类型的寄宿生生活满意度比较(M±SD)

生活满意度	父亲在外打工 $n=98$	母亲在外打工 $n=30$	父母均在外打工 $n=139$	F
友谊满意度	3.57 ±0.63	3.50 ±0.83	3.46 ±0.64	0.829
家庭满意度	4.12 ±0.71	3.98 ±0.84	4.12 ±0.71	0.531
学校满意度	3.56 ±0.83	3.71 ±0.88	3.66 ±0.72	0.617
学业满意度	3.37 ±0.74	3.33 ±0.95	3.25 ±0.78	0.723
自由满意度	3.51 ±0.75	3.49 ±1.04	3.22 ±0.83	3.904*
环境满意度	3.58 ±0.77	3.64 ±0.85	3.44 ±0.76	1.463
整体满意度	3.62 ±0.52	3.60 ±0.69	3.52 ±0.47	1.092

*表示在5%水平上显著。

5. 学校属性与小学寄宿生生活满意度的关系

对完全小学和中心小学寄宿生的生活满意度及其各维度进行独立样本 *T* 检验，发现中心小学学生的学校满意度显著高于完全小学的学生(表 7)。

表 7　不同学校类型的小学寄宿生的生活满意度(*M*±*SD*)

	友谊满意度	家庭满意度	学校满意度	学业满意度	自由满意度	环境满意度	整体生活满意度
完全小学	3.50±0.64	4.14±0.72	3.59±0.80	3.29±0.76	3.36±0.83	3.53±0.75	3.57±0.50
中心小学	3.54±0.66	4.15±0.76	3.81±0.82	3.38±0.75	3.37±0.79	3.68±0.82	3.65±0.54
T	0.566	0.101	2.048*	0.821	0.137	1.466	1.186

*表示在 5%水平上显著。

6. 寄宿情况与小学寄宿生生活满意度的关系

本文主要从寄宿时间、寄宿起始年级、寄宿态度这几方面分析寄宿情况与小学寄宿生生活满意度的关系。对不同寄宿时间的寄宿生的生活满意度进行单因素方差分析，发现寄宿时间为 1 年以内的小学寄宿生的学业满意度显著大于寄宿时间为 2 年以上的学生($p<0.05$)，在其他维度上无显著差异，即寄宿时间较长的学生的学业满意度更低(表 8)。

表 8　不同寄宿时间的寄宿生生活满意度比较(*M*±*SD*)

生活满意度	1 年以内 $n=106$	1~2 年 $n=97$	2 年以上 $n=172$	*F*
友谊满意度	3.51 ±0.62	3.57 ±0.66	3.47 ±0.65	0.812
家庭满意度	4.12 ±0.72	4.22 ±0.68	4.12 ±0.76	0.684
学校满意度	3.77 ±0.78	3.66 ±0.86	3.53 ±0.78	2.975
学业满意度	3.47 ±0.71	3.29 ±0.81	3.22 ±0.75	3.456 *
自由满意度	3.30 ±0.85	3.47 ±0.79	3.34 ±0.81	1.242
环境满意度	3.61 ±0.81	3.56 ±0.73	3.53 ±0.75	0.393
整体满意度	3.62 ±0.47	3.62 ±0.52	3.3±0.53	1.599

*表示在 5%水平上显著。

在寄宿起始年级方面，通过独立样本 *T* 检验分析发现，从小学三年级开始寄宿的学生整体生活满意度及其各维度与从其他年级(包括四、五、六年级)开始寄宿的学生不存在显著差异。但是从表 9 可以发现，除了自由满意度外，从三年级开始寄宿的学生的整体生活满意度及其他维度得分均略低于从其他年级开始寄宿的学生。

表9　不同寄宿起始年级的寄宿生生活满意度比较(M±SD)

	n	友谊满意度	家庭满意度	学校满意度	学业满意度	自由满意度	环境满意度	整体生活满意度
三年级起	326	3.49±0.65	4.11±0.85	3.61±0.79	3.22±0.66	3.36±0.83	3.55±0.76	3.57±0.51
其他年级起	47	3.65±0.59	4.15±0.71	3.78±0.86	3.32±0.77	3.35±0.82	3.61±0.76	3.62±0.51
T		1.618	0.391	1.366	0.824	0.118	0.508	0.524

在寄宿态度方面,本研究将"喜欢住在家里"、"喜欢住在学校"和"住在哪里无所谓"的小学寄宿生的生活满意度进行单因素方差分析,结果如表10所示。结果显示,不同寄宿态度的小学寄宿生的学校满意度、环境满意度和整体生活满意度存在显著差异。进一步LSD事后检验表明,喜欢住在学校的小学寄宿生的整体生活满意度、学校满意度、环境满意度均大于喜欢住在家里的小学寄宿生。

表10　不同寄宿态度的寄宿生生活满意度比较(M±SD)

生活满意度	住家里(1) n=266	住学校(2) n=70	无所谓(3) n=37	F
友谊满意度	3.48±0.67	3.57±0.54	3.56±0.61	0.603
家庭满意度	4.18±0.71	4.00±0.71	4.19±0.86	1.712
学校满意度	3.48±0.83	4.02±0.59	3.96±0.60	17.056**
学业满意度	3.27±0.75	3.44±0.76	3.34±0.81	1.370
自由满意度	3.33±0.81	3.43±0.88	3.49±0.81	0.877
环境满意度	3.48±0.77	3.71±0.76	3.86±0.59	6.065**
整体满意度	3.54±0.52	3.68±0.44	3.71±0.55	3.541*

*、** 分别表示在5%和1%水平上显著。

7. 小学寄宿生生活满意度影响因素的回归分析

为了进一步考察影响寄宿生生活满意度的因素,以整体生活满意度为因变量,以个人属性(年级、性别、自我满意)、家庭属性(父母亲文化程度、家庭经济状况、是否留守、与父母亲的关系)、学校属性(学校类型、师生关系、同伴关系)、寄宿情况(寄宿时间、寄宿起始年级、寄宿态度)为自变量,建立多元回归模型:

$$LS = \beta_0 + \beta_1 gra + \beta_2 gen + \beta_3 ssas + \beta_4 fedu + \beta_5 medu + \beta_6 eco + \beta_7 liushou + \beta_8 farel + \beta_9 morel + \beta_{10} sch + \beta_{11} trel + \beta_{12} frirel + \beta_{13} tbor + \beta_{14} gbor + \beta_{15} abor + \varepsilon$$

式中:LS 表示整体生活满意度及其各因子;gra、gen、$ssas$ 分别表示年级、性别、自我满意;$fedu$、$medu$、eco、$liushou$、$farel$、$morel$ 分别表示父亲文化程度、母亲文化程度、家庭经济状况、是否留守、与父亲的关系、与母亲的关系；*sch*、*trel*、*frirel* 分别表示学校类型、师生关系、同伴关系；*tbor*、*gbor*、*abor* 分别表示寄宿时间、寄宿起始年级、寄宿态度。其中，年级、性别、父亲文化各度、母亲文化程度、家庭经济状况、是否留守、学校类型、寄宿时间、寄宿起始年级、寄宿态度均为虚拟变量。进行 OLS 逐步回归进行分析，仅呈现进入回归度方程的自变量，其结果如表 11 所示。

表 11　小学寄宿生生活满意度影响因素的逐步回归分析

因变量	预测变量	决定系数 R^2	增加量 ΔR^2	F	β	标准误差
整体生活满意度（n=375）	自我满意	0.198	0.198	88.503**	1.049**	0.146
	师生关系	0.340	0.142	92.054**	0.650**	0.105
	同伴关系	0.394	0.054	77.229**	0.964**	0.165
	与母亲关系	0.436	0.042	68.667**	0.843**	0.160
	六年级	0.445	0.009	56.701**	−1.823**	0.672
	喜欢住家里	0.455	0.011	49.212**	−1.732**	0.656
友谊满意度（n=375）	同伴关系	0.126	0.126	51.757**	0.549**	0.118
	自我满意	0.187	0.061	41.232**	0.499**	0.104
	师生关系	0.228	0.041	35.182**	0.305**	0.074
	父亲为高中文化	0.244	0.015	28.657**	1.900**	0.706
家庭满意度（n=375）	父亲关系	0.300	0.300	153.637**	0.839**	0.146
	师生关系	0.340	0.040	91.958**	0.257**	0.076
	母亲关系	0.368	0.028	69.077**	0.572**	0.148
	同伴关系	0.389	0.021	56.556**	0.357**	0.120
	喜欢住学校	0.399	0.010	47.045**	−1.340*	0.542
	自我满意	0.408	0.009	40.565**	0.246*	0.107
学校满意度（n=375）	同伴关系	0.102	0.102	40.962**	0.093**	0.021
	喜欢住家里	0.169	0.066	36.351**	−0.447**	0.083
	师生关系	0.213	0.044	32.178**	0.056**	0.013
	自我满意	0.228	0.015	26.213**	0.051**	0.018
	六年级	0.240	0.012	22.419**	−0.205*	0.085
学业满意度（n=375）	自我满意	0.145	0.145	60.687**	0.112**	0.112
	母亲关系	0.191	0.046	42.165**	0.061**	0.061
	同伴关系	0.223	0.032	34.108**	0.070**	0.070
	六年级	0.252	0.030	30.057**	−0.256**	0.256
	师生关系	0.269	0.016	26.102**	0.040**	0.040
	性别	0.281	0.012	23.010**	−0.165*	0.165
	寄宿时间 1 年内	0.290	0.009	20.557**	0.175*	0.175

续表

因变量	预测变量	决定系数 R^2	增加量 ΔR^2	F	β	标准误差
自由满度度($n=375$)	自我满意	0.100	0.100	39.970**	0.105**	0.019
	师生关系	0.148	0.047	30.988**	0.053**	0.014
	与母亲关系	0.162	0.014	22.962**	0.056*	0.022
	四年级	0.177	0.015	19.085**	0.241*	0.095
环境满意度($n=375$)	同伴关系	0.139	0.139	57.792**	0.107**	0.020
	师生关系	0.199	0.060	44.447**	0.059**	0.012
	自我满意	0.221	0.022	33.728**	0.052**	0.018
	喜欢住家里	0.232	0.012	26.940**	−0.187*	0.079
	留守儿童	0.241	0.009	22.586**	−0.160*	0.078

*、** 分别表示在5%和1%水平上显著。

由表11知，自我满意、师生关系、同伴关系、与母亲关系、年级、寄宿态度对小学寄宿生的整体生活满意度具有显著作用。自我满意、师生关系、与母亲关系较好的学生的整体生活满意度较高，六年级学生、喜欢住在家里学生的整体生活满意度较低。

同伴关系、自我满意、师生关系、父亲文化程度对小学寄宿生的友谊满意度具有显著作用。同伴关系、自我满意、师生关系较好的学生的友谊满意度更高，父亲达到高中文化程度的学生的友谊满意度较高。

与父亲关系、师生关系、与母亲关系、同伴关系、寄宿态度、自我满意对小学寄宿生的家庭满意度具有显著作用。与父亲关系、师生关系、与母亲关系、同伴关系、自我满意较高的学生的家庭满意度更高，喜欢住学校的学生的家庭满意度显著低于住哪里无所谓的学生。

同伴关系、寄宿态度、师生关系、自我满意、年级对小学寄宿生的学校满意度具有显著作用。同伴关系、师生关系、自我满意较高的学生的学校满意度更高，喜欢住家里的学生的学校满意度较低，六年级学生的学校满意度较低。

自我满意、与母亲关系、同伴关系、年级、师生关系、性别、寄宿时间对小学寄宿生的学业满意度具有显著作用。自我满意、与母亲关系、同伴关系、师生关系较好的学生的学业满意度更高，六年级学生的学业满意度低于其他年级，女生的学业满意度显著低于男生，寄宿时间在1年以内的学生的寄宿满意度高于寄宿时间更长的学生。

自我满意、师生关系、与母亲关系、年级对小学寄宿生的自由满意度具有显著作用。自我满意、师生关系、与母亲关系较好的学生的自由满意度更高，四年级学生的自由满意度低于其他年级的学生。

同伴关系、师生关系、自我满意、寄宿态度、是否留守对小学寄宿生的环境满意度具有显著作用。同伴关系、师生关系、自我满意较高的学生的环境满意度更高，喜欢住家里的学生的环境满意度较低，留守儿童的环境满意度显著低于非留守儿童。

四、结论与分析

1. 寄宿生生活满意度不容乐观，尤以学校满意度、环境满意度、友谊满意度为甚

本研究发现，寄宿生整体生活满意度、友谊满意度、学校满意度和环境满意度显著低于走读生。由此可见，寄宿确实对小学生的生活满意度造成了不良影响。大部分寄宿生属于"政策推动型寄宿生"，即农村学校布局调整之后，他们无法就近入学而被动选择寄宿。[①] 由于资金不足，寄宿制学校的住宿条件和生活设施条件较差。学校制定了严格的寄宿生管理制度。因此寄宿生的学校满意度和环境满意度比较低。由于生活环境封闭，学生参加社会活动的机会较少，社会交往能力得不到充分发展；与同学长时间的集体生活和亲密交往，使人际冲突发生的频率提高，所以寄宿生的友谊满意度比较低。

2. 寄宿生生活满意度年级差异显著，性别差异小，自我满意对生活满意度有显著影响

小学寄宿生生活满意度随年级增长呈现下降的趋势，尤其体现在学业满意度和学校满意度上，六年级的整体生活满意度显著低于五年级学生。这可能是随着年龄的增长，小学生自我意识的增强使其提高了对自己的要求，家长和教师对其学业方面的要求也增高。而学习难度和任务均加大，使得高要求难以得到满足。由期望值理论知，这种高期望与现实的成就不能完全吻合，现实与理想的矛盾降低了他们的学业满意度。高年级儿童由于心智更加成熟，对环境和学校有更深刻的认识和评判，使其学校满意度降低。[②] 由于小学生未进入青春期，男女两性差异较小，所以生活满意度的性别差异不显著，除了对学业满意度外，性别对学生整体生活满意度及其他各维度均无显著影响。

自我满意对小学寄宿生整体生活满意度及其各维度均有显著影响。对自己是否满意在很大程度上影响学生对生活的观点态度。小学生的社会化程度较低，常以自我为中心，这使得他们对生活及其各方面的满意情况较大程度上受自我满意情况的影响。

3. 家庭环境尤其是与母亲的关系对学生生活满意度影响显著

本研究发现，不同父亲文化程度的学生的友谊满意度差异显著，小学寄宿生的整体生活满意度、家庭满意度、学业满意度和自由满意度受与母亲关系的显著影响。农村家庭通常是男主外，女主内，父亲对孩子交友方面的指导较多。具备一定文化素质的父亲，能采取科学的方式与孩子互动交流，为孩子提供人际交往方面的指导，因此父亲文化程度较高的寄宿生友谊满意度较高。在农村中，母亲承担养育孩子的主要任务，父亲则多在外挣钱，孩子在家中与母亲接触更多。同时，由于父母亲教育方式的不

---

① 范先佐. 布局调整后的寄宿制学校建设问题[J]. 新课程研究(教育管理)，2007 (6)：8-10.

② Miles T. Number of Children Sent to Boarding School areBooming [N]. The Evening Standard (London，England)，April 23，2002.

同（父亲较严厉，母亲则较温柔、宽容），这使得孩子与母亲的关系更亲密，其对孩子生活满意度及各维度的影响显著。

寄宿生与父母一起的时间较少，且在留守寄宿生中，也有父母一方在家照顾的，这就缩小了留守与非留守寄宿生生活满意度的差异，使得是否留守仅对学生的环境满意度具有显著影响。但在留守小学寄宿生内部，由于母亲较宽容，使得母亲在家的留守小学生能感受到更多的自由。

4. 学校环境对寄宿生的学校满意度有显著影响

本研究发现，中心小学寄宿生的学校满意度显著高于完全小学，师生关系、同伴关系能有效预测学生的整体生活满意度。中心小学处于镇中心，学校的硬件设施、师资队伍等优于完全小学，能为寄宿生提供更优越的生活条件和学习条件，因此中心学校的寄宿生学校满意度高于完全小学的寄宿生。寄宿生长期生活在学校，学校中的人际关系对其影响较大。对小学寄宿生来说，老师既扮演教书的角色，也扮演父母的角色，并在生活上照顾学生。小学生的独立性还不够，很多事情需要和同伴一起完成，对同伴具有较高的依赖性。所以同伴关系、师生关系对小学寄宿生的生活满意度具有显著影响。

5. 寄宿情况尤其是寄宿时间、寄宿态度对学生生活满意度有重要影响

本研究发现，不同寄宿时间的学生的学业满意度差异显著；寄宿生的整体生活满意度、学校满意度和环境满意度均显著受寄宿态度的影响；不同寄宿起始年级的学生的整体生活满意度及各维度的差异不显著，但是除了自由满意度外，从三年级开始寄宿的学生的整体生活满意度及其他五个维度的得分均低于从其他年级开始寄宿的学生。越早开始寄宿，寄宿时间越长，越不愿意寄宿的学生的生活满意度越低。低龄小学生生活自理能力有限，过早离开温暖的家庭到学校住宿，老师无法对每个孩子深入细致地照顾，因此小学寄宿生在生活上明显存在困难。心理学研究表明，年龄越小，对父母的依恋越强。过早离开父母的关怀，家庭成员的亲密感较差，有可能会使儿童自我封闭，对学校和环境的不满情绪增加。对寄宿持排斥态度的学生如果被迫寄宿，会用批判的眼光看待寄宿生活，使其对学校产生厌恶情绪，以至于这批学生的整体生活满意度及学校、环境满意度均较低。

五、相关建议

根据以上结论及分析，为了提高寄宿生的生活满意度，改善和提高他们的生活质量，促进其身心健康成长，我们提出以下建议：

1. 加强寄宿制学校标准化建设

设立寄宿制学校国家最低标准，包括学生校舍和宿舍用房最低标准、寄宿生福利待遇最低标准、寄宿生服务人员从业最低标准。政府应设立寄宿生教育专项基金，加大对农村寄宿制学校的财政投入，完善生活设施建设，如宿舍楼、开水房、浴室、医务室、食堂等，全力保障寄宿生饮食健康、充分休息；在师资上，为寄宿生配备具有一定专业能力的专职班主任和生活管理辅助人员，解决寄宿生的日常生活和心理问题。

2. 改进寄宿生管理制度，实施柔性管理和重点管理

教师应培养和谐的师生关系，给予寄宿生家长般的温暖，关心他们的学习、生活和成长。通过引导教育、感化、民主等柔性方式管理寄宿生的安全卫生、自习、作息、就寝纪律等。教师应多给予寄宿生鼓励，帮助他们建立自信心，提高小学寄宿生的自我满意情况；教师应帮助学生建立良好的同伴关系，号召学生团结友爱、互相帮助；开展丰富多彩的文化娱乐活动和社会实践活动，丰富寄宿生的业余生活。同时，对不同类型的寄宿生分重点管理。年级方面，对五、六年级的寄宿生，重点关注他们的学业情况。家庭环境方面，对父亲文化程度较低的寄宿生，应开展家长教育培训，提高家长的文化素质，为他们提供处理友情问题的经验。对家庭经济情况较差的寄宿生提供经济资助；对留守学生多给予家的温暖。

3. 父母应尊重孩子的意见，为孩子创造良好的成长环境

在决定孩子是否寄宿时，要听取孩子的意见。在条件允许的情况下，父母应尽量为孩子选择寄宿条件好的学校，不要让低龄孩子寄宿。父母尽量不要外出务工，即使必须外出务工，本文建议让父亲单独外出，母亲在家照顾孩子，因为研究结果显示，母亲与孩子的关系是影响寄宿生生活满意度的重要因素。父母应为孩子提供适度的物质资源以支持其在学校的生活。

A Study of Life Satisfaction among Rural Boarding Primary School Students

——Based on a Survey of X County in H Province

Cao Feng, Teng Yuan, Huang Mengjie

Abstract: Many boarding primary schools have been built in the rural areas as rural schools have either been eliminated or consolidated. The construction of boarding primary schools can solve certain problems, such as the difficulties of traveling long distances to attend school. However, living at boarding schools will affect the children's physical and psychological development, learning, lives, and so forth. This study investigates the life satisfaction of boarding school students in rural primary schools, compares the differences in terms of life satisfaction of boarders and day students, and discusses the factors that influence the life satisfaction of boarding school students, so as to provide ideas about improving the life satisfaction among rural primary school boarding students and to promote their physical and psychological development.

Key Words: Life Satisfaction; Boarding Schools; Boarding Students

双重管制下节能政策影响央企下属企业的作用机制研究[①]

宋玮玮[*]　齐　晔[**]

摘　要："十一五"时期节能上升为国家战略。在节能政策的干预和影响下，我国高耗能工业企业节能技术进步显著，产品能耗水平大幅下降，央企下属企业取得的节能绩效尤为突出。本文以某中央企业集团公司下属的油田企业作为典型案例，探究节能政策影响此类企业节能行为的作用机制。研究发现，中央政府控制央企下属企业的底层制度环境与节能政策措施等表层制度环境交织在一起，共同推动企业节能。央企集团发挥了主导性作用，地方政府起辅助性作用。制度环境的变化通过节能考核影响员工收入，提升各部门对节能的重视程度，从外部推动企业节能；央企集团的资金支持、企业内部组织结构的调整、节能监测及能源审计挖掘节能潜力和员工培训，从内部支撑企业节能。在外部推动机制和内部支撑机制的共同作用下，央企下属企业取得了超额完成节能目标的绩效。

关键词：节能政策　政策执行过程　中央企业

一、背景介绍及提出问题

中国正处于工业化中期阶段，工业企业能源消费量占全国能源消费总量的70%以上[②]，这决定了在今后的很长一段时间工业企业都将是政府节能政策干预的重点对象。"十一五"时期以来节能上升为国家战略，中央政府针对重点用能单位开展了"千家企业节能行动"和"万家企业低碳行动"，在一系列节能政策的干预和影响下，高耗能

---

① 基金项目：本研究系国家自然科学基金重点项目"基于若干领域政策实践的中国公共决策模式及其现代化路径研究"(项目编号：71233005)阶段性研究成果。

* 宋玮玮，清华大学公共管理学院博士研究生。通信地址：北京市海淀区清华大学公共管理学院322，100084；电话：13521676979，E-mail：sww@cae.cn。

** 齐晔，清华大学公共管理学院。

② 中华人民共和国国家统计局. 中国统计年鉴(2013)[M]. 北京：中国统计出版社，2013.

工业企业节能技术进步显著，产品能耗水平显著下降[①]。

已有研究围绕政府和企业在节能政策影响下的互动机制进行了深入探讨。按研究对象不同可以分为三类：①从政府的角度入手，有的学者以政策工具为切入点，指出节能政策应以经济激励性工具为主，随着节能管理的逐步成熟，再逐步采用命令控制型工具和自愿节能型工具[②]；有的学者以地方政府作用为切入点，认为地方政府通过信息引导、技能培养、命令控制手段和包括价格、财政及投融资等政策措施的经济激励手段，推动企业克服节能障碍，帮助企业实现节能目标[③]。②从企业的角度入手，有的学者从企业规模、所有制、产品市场等角度分析节能减排目标下企业的应对行为[④]；有的学者以企业的困境为切入点，探讨促进我国企业节能减排的税收政策措施[⑤]。③从政府和企业的互动机制为切入点，构建了"政府—企业节能减排互动机制"激励模型，通过探讨政府和企业在节能减排战略中的最优责任分摊比例，以提升企业节能减排的动力[⑥]。然而目前已有的研究陷入了这样的误区：将政府与企业的行为简单化，在政策执行过程中，将政府尤其是地方政府作为影响企业的唯一政策执行主体，**忽略了中央企业集团公司在节能政策实施过程中发挥的重要作用。事实上，一些中央企业集团公司是计划经济时代政府机构改革的产物，当前还承担部分"政策功能"**。"十一五"期间，列入千家企业节能行动的中央企业集团公司共有 23 家，共包括 190 家独立参与考核的中央企业下属企业，占千家企业的总数的 24%。这些企业 5 年共节能 4900 万吨标准煤，企业完成节能量是节能目标的 1.8 倍，占全国千家企业节能量的 32.7%[⑦]。企业集团下属企业取得的节能政策绩效如此突出，**作为节能政策核心实施主体的中央企业集团在节能政策执行过程中扮演怎样的角色，节能政策是怎样影响央企下属企业的节能行动呢？**

由于节能政策体系对央企下属企业的影响涉及多个层次，企业采取的节能行动也体现在各个方向。对组织和外部情境互动机制的探讨，需要关注随着时间变化制度压力的变化，以及企业采取的应对策略。对于这种过程和机制的认识需要通过非常详细的过程描述体现。因此，本文采用单案例研究方法，以某中央企业集团公司下属的油田企业（以下简称案例企业）作为典型案例，采取文献研究和访谈的方式获取研究资料，对节能政策影响此类企业节能行动的机制展开研究。由于石油石化行业的企业大多数是中央企业的下属企业，列入"千家企业"的 190 家央企下属企业中，81 家属于石

---

① 齐晔．中国低碳发展报告(2014)[M]．北京：社会科学文献出版社，2014.

② 周英男，陈芳，李昕杨．引导企业节能的政策选择模型研究[J]．中国人口·资源与环境，2008，18(3).

③ Xiaofan Zhao, et al. Implementation of Energy-saving Policies in China: How Local Governments Assisted Industrial Enterprises in Achieving Energy-saving Target[J]. Energy Policy. 2014(66): 170-184.

④ 邢璐，石磊．节能减排目标下的企业应对行为研究[J]．北京大学学报(自然科学版)，2010，46(3).

⑤ 周波．中国的节能减排困境和财税政策选择[J]．中国人口·资源与环境，2011，21(6).

⑥ 王琳，肖序，许家林．"政府—企业"节能减排互动机制研究[J]．中国人口·资源与环境，2011，21(6).

⑦ 中国节能协会．央企"十一五"节能减排成效显著[J/OL]．http://www.cecaweb.org.cn/CN/News/2011-06/EnableSite_ReadNews4717611308153600.html[20110628].

油石化企业。“十一五”期间石油石化行业的企业节能总目标为1340.25万吨标准煤，实际完成节能量2259.08万吨标准煤，168.56%地完成了节能目标[①]，因此选择该行业的企业具有较强的代表性。

二、央企下属企业所处的节能治理体系

案例企业成立于1982年，拥有20多个油气田和年加工能力120万吨的炼油厂，下设油气开采和炼化两个生产版块，生产的产品是石油和天然气。2006年案例企业被列入“千家企业节能行动”名单，2011年又被列入“万家企业低碳行动”名单。作者深入该案例企业，通过人物访谈、文献阅读与查阅档案资料等方法，梳理了中央政府、地方政府和央企集团共同影响案例企业节能行为的治理体系，如图1所示。

(一) 来自中央政府的影响

中央政府制定的节能政策由整体节能规划、专门针对工业企业的节能政策和配套的激励政策三部分构成。“十一五”与“十二五”时期，中央政府都设定了单位国内生产总值能源消耗的总体节能目标，并将这些目标分解到各省级政府，对地方政府节能治理能力也有要求。中央政府同时对中央企业集团公司提出了相应的节能目标，要求中央企业集团公司制定针对本企业的节能工作实施方案。具体而言，中央政府在“十一五”时期和“十二五”时期分别通过“千家企业节能行动”和“万家企业低碳行动”落实相关企业的节能工作。“千家企业节能行动”是“十一五”时期针对高耗能工业企业的强制性节能考核活动，涵盖钢铁、有色、煤炭、电力、石油石化、化工、建材、纺织、造纸9个重点耗能行业规模以上独立核算企业，2004年企业综合能源消费量达到18万吨标准煤以上的约1000家企业纳入“千家企业”考核的范畴[②]。“万家企业低碳行动”是“十二五”期间针对重点用能企业的强制性考核活动，具体包含年综合能源消费量1万吨标准煤以上以及有关部门指定的年综合能源消费量5000吨标准煤以上的重点用能单位，共约17000家，这些企业的能源消费量占全国能源消费总量的60%以上，工业企业是其中重要的组成部分[③]。案例企业先后参与这两个行动，每年都需要接受节能目标考核。中央政府还通过十大节能工程、节能产品惠民工程等配套政策，对企业节能进行资金支持[④⑤⑥]。

① 国家发展改革委. 中华人民共和国国家发展和改革委员会公告(2011年第31号), 2011.

② 国家发展和改革委等. 关于印发千家企业节能行动实施方案的通知(发改环资〔2006〕571号). 2006.

③ 国家发展和改革委等. 关于印发万家企业节能低碳行动实施方案的通知(发改环资〔2011〕2873号). 2011.

④ 财政部、国家发展改革委. 节能技术改造财政奖励资金管理暂行办法. 2006.

⑤ 国家财政部. 关于印发《节能技术改造财政奖励资金管理办法》的通知(财建〔2011〕367号). 2011.

⑥ 国务院. 关于印发“十二五”节能减排综合性工作方案的通知(国发〔2012〕26号). 2012.

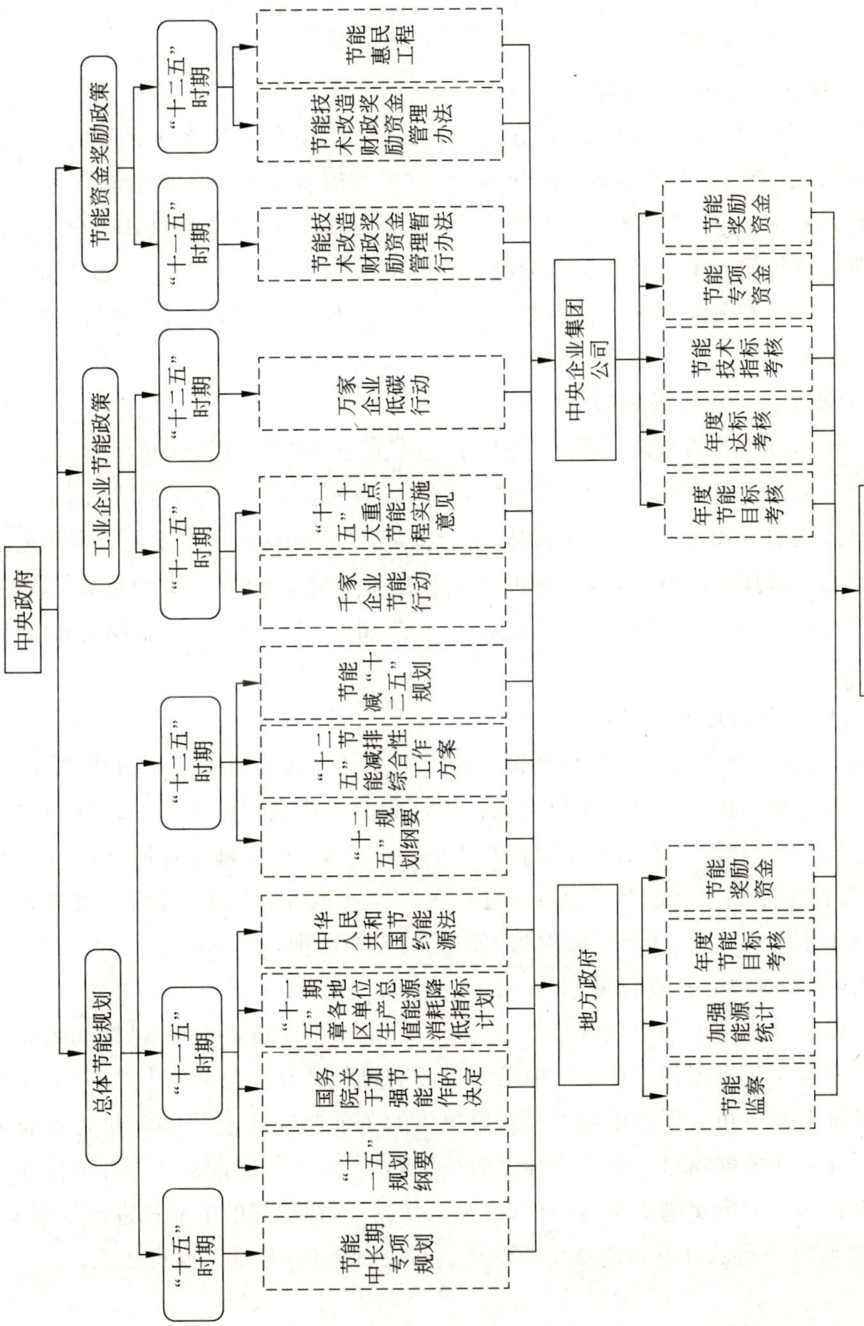

图1　案例企业所处的节能治理体系

资料来源：作者根据公开政策和访谈调研整理。

(二)来自地方政府的影响

本研究所指的执行节能政策的地方政府包括省级及以下政府,地方政府的影响主要体现在节能目标的分解及考核、能源数据的统计及校验、节能监察的规定及实施及节能奖励的渠道和标准四个方面。

1. 节能目标的分解及考核

如上文所述,自2006年以来,国家发改委通过"千家企业节能行动"和"万家企业低碳行动"将节能目标分配给各个省级政府,省级政府将本省千家企业总体节能目标总额分解到各个企业,并与案例企业签署了《节能目标责任书》,明确相应的奖惩措施。国家发改委每年派专家小组对企业节能自查的情况进行复核,对企业节能目标的年度考核分为节能量和节能措施考核两部分。如果企业不能通过节能目标考核,将采取限期整改和限制项目审批等惩罚性措施。

2. 能源数据的统计及校验

对企业进行考核的节能量指标,是基于企业上报的能源消费数据计算出来,因此能源统计是节能政策实施的基础。我国的统计数据采取下查一级的方式,国家统计局通过逻辑校验的方式对省统计局的数据进行验证,还会同国家发改委要求企业通过在线申报的方式直接报送数据,及时掌握相关数据和节能动态①②。省市统计局也通过企业综合能源消费量和单位产品能耗指标的逻辑校验,确保企业能源统计数据的质量。

3. 节能监察的规定及实施

节能监察,是指各级人民政府节能主管部门及其下属的节能监察机构,依法对能源生产、使用、经营单位以及其他相关单位执行节能法律、法规、规章和标准的情况进行监督检查,并对违法行为依法予以处理的行为。2010年案例企业所在的省份开始实施《节能监察办法》,对重点用能单位进行单项监测或综合监测。但是,案例企业由于自身技术水平较高,从未被省政府列入节能监察的范围。

4. 节能奖励的渠道和标准

地方政府是企业申请中央财政节能奖励资金的重要渠道,"十一五"期间企业可通过地方政府或央企集团任一种渠道申请中央政府提供的奖励资金,"十二五"期间企业只能通过地方政府单一渠道申请中央政府提供的节能奖励资金。2009年省政府出台了针对工业企业节能项目进行资金补贴的相关办法,对于节能量达到1万吨标准煤以上的未申请国家节能奖励资金的项目,按照150元/吨标准煤的节能量进行资金奖励;2011年省政府出台的针对节能减排的专项资金支持办法,延续了原有政策。

---

① 国家统计局. 关于建立千家企业能源统计调查制度的通知(国统字〔2006〕161号). 2006.

② 国家发展改革委办公厅. 关于进一步加强万家企业能源利用状况报告工作的通知(发改办环资〔2012〕2251号). 2012.

（三）来自央企集团的影响

1. 集团公司层面的节能目标考核

按照国务院的要求，2007 年 5 月案例企业所属的集团公司制定了《集团公司节约能源管理办法》，要求下属企业建立节能目标责任制和评价考核体系，并对投资项目节能管理、节能管理相关制度、合理利用能源、节能技术进步和节能监督、检查与考核等内容进行了系统的规定。集团公司层面采取节能目标考核，实行定性考核与定量考核相结合的原则，分为节能指标、节能措施和节能管理体系三部分。节能目标考核主要是通过专门设立的节能管理办公室实现。该办公室负责集团公司节能工作的综合管理，每年对各事业部、管理部和各单位的综合性指标进行考核。这种组织结构和考核方式在“十二五”期间一直沿用，如图 2 所示。节能管理办公室要求各事业部和管理部每月总结节能工作的进展情况，对节能目标考核结果中超额完成和完成的企业进行排名，每季度公示一次，对前 5 名进行表彰奖励，对考核结果为未完成的企业予以通报批评，并实行“一票否决”，一律不得参加集团公司各类年的评奖、不授予荣誉称号。如果下属企业不能通过当年的节能目标考核，就会被集团公司扣掉企业 10％的绩效工资，同时还会与主管领导绩效工资挂钩。如果企业不能完成节能指标，主管领导的绩效工资会被扣掉 5％；如果企业能够超额完成节能指标 5％以上，企业主管领导会获得不超过绩效工资 5％的奖励。

2. 事业部和管理部层面的节能指标考核

与集团公司节能目标考核一脉相承的是事业部和管理部层面的节能指标考核，如图 2 所示。各事业部和管理部将集团下达的节能量目标细化为具体的技术经济指标，对所属单位进行考核，并将能耗指标作为各部门、各单位主要负责人绩效考核的重要内容。

事业部负责对下属企业开展能效达标工作的组织实施和考核，达标考核在分公司、采油（气）厂和同类油气生产队站三个层次开展，考核内容从油（气）生产量、单位能耗指标和节能管理措施三个方面设置考核指标，考核指标分为节能指标、价值量化指标和专业辅助管理指标三类，全部满足三类指标规定的达标条件则认定该企业本年度达标。企业实现达标后，集团公司按照产量规模进对其进行奖励。

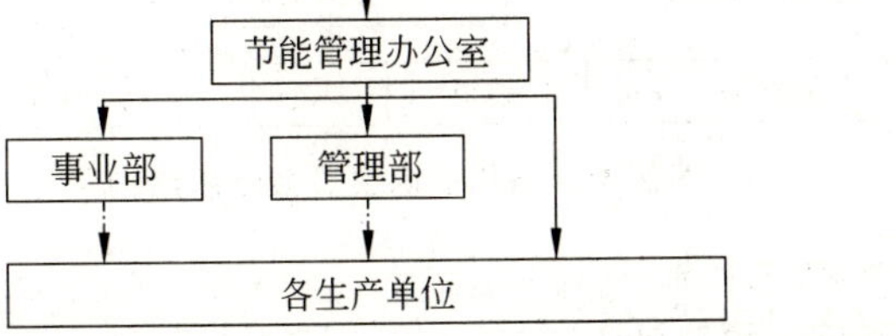

图 2　案例企业集团公司节能管理组织机构示意图

资料来源：作者根据访谈资料绘制。

3. 集团公司层面的节能资金支持

集团公司为下属企业提供的节能资金支持分为节能奖励资金和专项技改资金两部分。节能奖励资金是为了奖励在节能工作中表现突出的生产单位和个人,以名誉和奖金的方式进行奖励。专项技改资金由企业根据技术改造的方案,向集团公司申请,集团公司审批通过后采取全额拨付的方式,用于支持技术改造项目。“十一五”期间集团公司共投资 291 亿元,实施节能减排项目 1110 个,每年可节约能源 360 万吨标煤;投入节能减排科研费用 3 亿元,实施科研项目超 100 项。

三、案例企业响应节能政策的行动

(一)基于压力应对的被动响应策略:以完善管理制度为基础

在“十一五”时期以前,案例企业的节能工作是通过对生产计划指标的考核开展的。集团公司每年给企业下达生产计划,并通过相关技术指标对企业和各级管理者进行考核,确定企业的绩效和员工的奖金收入,能效指标是融入企业的成本控制管理中的。“十一五”时期以来,中央政府通过“千家企业节能行动”和“万家企业低碳行动”对案例企业提出了 21.1 万吨标准煤和 8.16 万吨标准煤的总体节能量目标。为了确保节能目标的完成,集团公司在目标责任制考核的要求下,对企业提出了包括油气综合单耗、油气综合电耗、油气生产电力单耗、油气生产天然气单耗等具体技术指标考核的要求。针对来自集团公司的考核压力,案例企业采取了以完善能源管理制度为基础的应对策略。

1. 完善企业能源管理制度

根据集团公司相关节能管理办法的要求,2007 年案例企业成立了节约能源委员会,统筹领导分公司节能工作,并建立了四级能源管理体系。一级管理体系是案例企业节约能源委员会,由企业党政主要领导任主任,主管副总经理任副主任,分公司副总师以上领导及部分处室长任委员。节约能源委员会下设能源管理办公室,是案例企业节能管理的常设机构。二级管理体系是案例企业的二级单位节约能源委员会,由党、行政一把手任主任,下设节能办公室。三级和四级管理体系分别是三级和四级单位节能领导小组,由主要负责人担任组长,配备专(兼)职节能员,如图 3 所示。

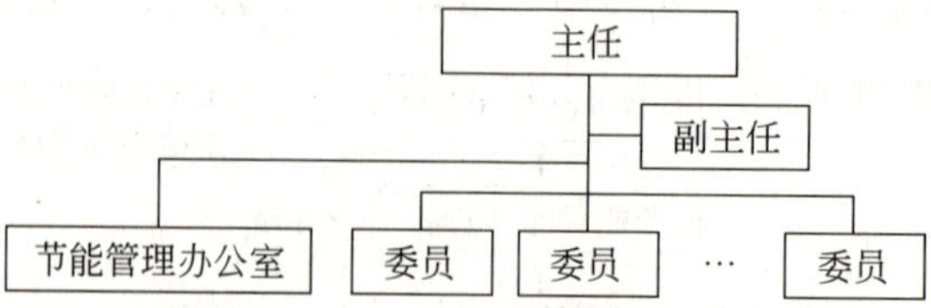

图 3 案例企业节约能源委员会组织结构图

数据来源:作者根据调研资料整理。

2. 开展节能监测与能源审计

为了确保节能目标的完成,案例企业每年年初下达本年度节能考核指标的同时,公布本年度的节能监测计划。成立于 1993 年的节能监测站是案例企业下属的节能监测机构,配备专职监测人员,具有从事国家企业能源审计和节能规划编制的资质。自

2006年开始，节能监测站在节能管理办公室的领导下，全面负责油田经常性的节能监测工作，对各个生产单位的注水、电力等系统开展能源审计工作，评价能源利用情况，找出问题为下一步提供建议，在节能技术改造后还通过监测对改造效果进行评估。为了在技术上保证监测工作的顺利开展，2006年案例企业投资240多万元，配备了节能监测装备，完善了节能监测手段。

能源审计工作始于2007年，推动油田所属各采油厂将能耗定额与树标对标活动结合起来，各个生产单位根据各自的开发现状，分别制定了具有针对性的技术指标定额，也对重点耗能设备制定了用能定额。案例企业制定了《节能检查监督暂行办法》，规定各系统效率及参数的限额标准、监督检查内容及奖罚措施，对能耗定额管理工作进行检查。截至2013年年底，已经完成对13个下属单位的能源审计工作。通过对各单位能源审计共查找能源管理及用能设备等方面的问题319项，提出整改建议348项；挖掘节能潜力69297.88吨标煤，提出节能潜力建议142项，提出节能技术措施114项。能源审计帮助二级单位对生产单位的管理制度进行全面评估，并提出节能潜力评估及建议。测试报告提供的技术指标和建议，通过不同的技术部门间的横向比较，推动不同生产单位间的学习交流，加速先进经验和技术的传播。

3. 完成能源统计和节能考核工作

自2006年和2012年开始，案例企业按照国家统计局的要求，在每月向当地统计部门上报能源统计数据的同时，分别通过国家统计局工业企业联网和万家企业能源利用状况报告网上填报系统直报网站报送数据。2006年以来，中央政府每年组织对案例企业进行年度节能目标的考核，“十一五”期间“千家企业”年度节能量的测算依据是企业该年度的能耗水平较上年度能耗水平下降的值与本年度总产量(产值)相乘得到的数值。2011年案例企业参加“万家企业”节能目标考核。根据油气田行业特点，案例企业向所在地省政府发改委申请，采用当年出台的SY/T 6838—2011《油气田企业节能量与节水计量方法》，单位油气产品综合能耗环比累计方式测算企业节能量，油气田板块的节能量计算依据较“十一五”期间有所调整。

(二) 基于理性选择的主动响应策略：以采用经济手段为激励

能源是案例企业重要的生产要素，节约能源是企业降低生产成本的重要途径，因此企业自身具有很强的节能动力，集团公司配套的经济激励手段增强了企业节能的动力。获得集团公司提供节能的专项资金，具体的操作程序是由下属企业提出具体的节能技改项目，在经过可行性评估后，由集团公司统一提供，这构成了案例企业节能改造资金的主要来源。案例企业在降低成本和争取集团公司资金支持的双重动力驱使下，通过节能监测系统挖掘企业的节能潜力，再投资节能技改。此外，案例企业对二级单位节能考核的奖罚措施直接分解到每个人，经济上利益使得每个“理性人”自觉做出有利于节能的理性选择。

1. 节能考核目标的逐级分解

根据集团公司考核的要求，案例企业设定了对二级单位的节能考核指标，考核分4个等级：超额完成、完成、基本完成和未完成(对应1、2、3、4等)。考核分为技术指标和管理指标，技术指标占40%～50%，对油气生产单位考核的技术指标采用单位产品能耗,并根据每年节能工作特点,及时调整考核的侧重点。二级企业根据自身不同情况制定相应的指标,完善制定自己的管理办法。对于考核结果采取通报批评和相应的经济奖惩,考核等级对应的奖罚措施如表 1 所示。节能达标考核采取一年一次的方式,半年预考核一次,全年全面考核一次,组织 8~10 人的考核小组,由节能办公室牵头组织相关人员对资料和现场开展全面的考核。案例企业在集团公司要求下,还建立了每季度会定期召开节能工作例会的制度,定期对各个二级单位的节能指标完成进度进行通报。因此二级单位通常都非常重视节能工作,根据能源可计量的程度将节能目标继续分解,落实到班组或个人。

表 1　案例企业对二级单位节能考核的奖罚措施

考核等级	奖 罚 标 准	资 金 分 配
1	以 300 元/人的标准发给单位奖金指标	具体分配方案由二级单位自己决定
2	以 200 元/人的标准发给单位奖金指标	具体分配方案由二级单位自己决定
3	不奖不罚	
4	以 300 元/人的标准扣发二级的单位奖金指标	具体惩罚方案由二级单位决定

数据来源:作者根据调研资料整理。

2. 节能技改投资给企业带来经济效益

案例企业为了确保节能技改措施到位,在集团公司资金支持的同时,自 2008 年起按照每消耗 1 吨标准煤从成本中投入不低于 20 元用于节能技改项目的标准,企业每年还投入一定数额的补贴研究经费,通过主导技术攻关研究和成熟技术的集成应用,鼓励油田各二级单位积极自主开展节能研究,加快油田节能改造步伐,依靠技术进步促进了节能降耗水平提高。2007—2010 年案例企业节能投资额逐渐上升,4 年合计节能投资总额 40298 万元人民币,累计实现技改节能量 13.53 万吨,节能技术的投资回收期平均为 4.56 年。2013 年按照计划进行管理体系的评审和改进工作,采用能源动态监督机制,每季度通报能源消耗、节能指标完成和系统效率监测等情况,对能耗高和没有完成指标的单位进行重点监控,发出预警通报。根据石油石化行业的特殊性,案例企业以各主要耗能单位为单元系统,在各采油厂、炼油厂分别开展了能源管控中心建设。2013 年共实施节能技改项目 66 项,共投入资金 1356.1 万元,计划节能量 25361.7 吨标准煤。案例企业通过节能技改显著地降低了企业生产成本,同时从集团公司获得了专项节能资金的支持,给企业带来了可观的经济效益。

(三)基于目标实现的主动策略:以加强人员培训为保障

基层人员的素质是连接节能技改措施到实现节能效果之间的桥梁,提高人员操作技能和节能意识是企业实现节能的必要环节。案例企业对重点耗能设备操作人员推行持证上岗制度,在对主要耗能设备操作人员进行上岗培训的同时,也增加了节能培训内容。案例企业自 2006 年以来,将节能培训作为重点工作列入油田年度培训计划,每年由油田定期统一组织人员参加相关的培训。培训内容不但包括千家企业节能降耗统计培训、能源审计培训、石油天然气行业节能标准培训，而且包括节能管理体系、企业能源消费指标计算分析、油田专用主要用能设备或工艺系统节能技术等相关知识。企业在加强培训的同时，注重加强培训效果的评价和考核力度。这些措施有效提升了人员的节能操作技术，提高了节能意识，从而推动各生产单元能源利用效率的全面提高。

（四）基于双重管制的节能绩效

以上对案例企业双重管制下采取响应策略的分析表明，基于压力应对采取的被动响应策略使得该企业完善了能源管理制度，基于利益驱使的主动响应策略使得该企业采取了经济激励手段，基于目标实现的主动响应策略使得该企业通过人员培训提高人员的节能意识与技能。各种措施"多管齐下"，企业单位产品能耗大幅下降，2010 年油气生产能耗达到 0.141 吨标准煤/吨，较 2005 年下降了 34.1%。进入"十二五"时期，随着油气开采难度的提高，虽然单位产品能耗水平有所上升，但是按照"十二五"时期新的节能量计算方法，企业在 2011—2013 年还是完成了 7.08 万吨标准煤的节能量。单位产品能耗在 2010 年达到 0.127 吨标准煤/吨，较 2005 年下降 20.6%。"十二五"期间由于节能技改风险带来了一定幅度的能耗上升，到 2013 年已经回落到 2010 年的水平，预计在 2014 年将会有进一步的降低。

案例企业每年按照国家发改委的要求，完成千家企业/万家企业节能自查报表，并配合国家发改委和地方发改委完成年度节能的考核工作。从企业的节能量考核目标完成情况看，企业每年都超额完成了节能考核目标："十一五"期间案例企业共实现节能量 26.26 万吨标准煤，118.37%地完成节能目标；截至 2013 年年底企业累计完成节能量 7.15 万吨标准煤，完成了"十二五"期间节能目标的 75%（如图 4 所示）。

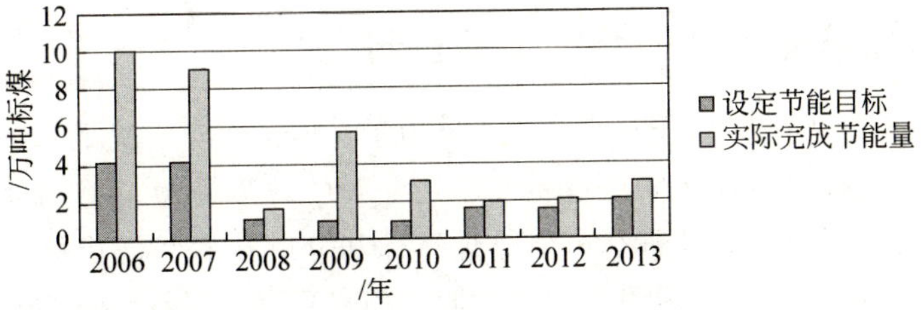

图 4　2006—2013 年案例企业节能量完成情况

数据来源：作者根据调研资料整理。

四、案例讨论

（一）企业所处外部环境的变化

组织是社会系统一部分，是整个社会系统的子系统，通过各自方式与社会系统保持联系。理解组织的行为需要从组织所处的环境出发，因为组织不可避免地要受他们所处环境的约束，需要不断对自身进行调整适应外部环境的变化。组织所处的外部环境分为制度环境和市场环境,制度环境的压力来自政府和行业协会等规制机构,一般社会预期的压力和行业领先组织等的行动,对企业产生作用的主要机制是行政强制力,通过对企业的合法性要求进行调整,促使企业调整和改变价值目标。市场情境对企业产生作用的主要机制是基于价格机制的交易。从上述案例分析看,央企下属企业外部情景的变化主要体现在制度情境的变化上,节能政策是将完成节能目标作为企业生存的合法性条件。

央企集团和地方政府对央企下属企业产生影响的制度体系构成了企业所处的底层制度环境,节能政策出台后,底层制度并没有发生变化,体现为表层制度的变化,央企集团影响下属企业的底层制度包括人事任免权、收入分配权和资金分配权等控制手段;地方政府影响央企下属企业的途径主要是属地管理,由于地市级政府的行政领导和央企下属企业的主要负责人在行政级别上相当,同时地方政府对央企下属企业还存在财政、税收等依赖,因此很难对企业采取实质性的强制性措施。此时,影响企业的底层制度环境并没有发生变化,因此节能政策的实施体现为表层制度环境的变化,表层制度环境是嵌入在底层制度环境的基础上,对企业产生影响的。由于央企集团对企业的控制程度高,提出的节能目标要求更高、更具体;同时,节能奖励资金针对性强,扶持力度大,操作程序简便,对于影响企业内部结构的作用更加突出。地方政府的影响包括节能目标分解和能源数据的统计等方式,地方政府制定的配套节能政策措施对央企下属企业的针对性较差,因此激励和约束的力度也较弱。因此,央企下属企业的节能压力主要来自集团公司,地方政府的考核和数据统计主要通过信息传递的方式,间接给企业施加压力。**企业所处外部环境的变化,主要体现在央企集团配套节能政策措施的影响上,地方政府只起到了辅助性作用。**

(二)采取节能行动的外部推动机制

制度环境的变化是推动企业节能的主要力量。地方政府从节能目标考核、能源统计、节能监察等方面对本地区的工业企业制定配套的政策措施;央企集团则结合企业内部管理的特点,对下属企业进行节能总量目标和分解技术经济指标的考核,同时配套了相应的奖惩措施。央企集团公司自上而下的科层命令,促使案例企业将节能纳入企业的日常管理和重大决策中,将节能指标进一步细化分解为便于考核的技术指标。企业节能目标的层层分解和一系列配套考核措施,将节能绩效与各个部门的经济收入相联系,推动各个部门的领导者提升对节能的重视程度,以便将节能工作落实在日常的工作过程中。这构成了企业采取节能行动的外部推动机制。

(三)企业采取节能行动的内部支撑机制

企业内部组织能力的提升和技术水平的提高,是支持企业向节能模式转变的重要因素。企业在央企集团的节能政策措施的压力下成立节约能源委员会,并由企业主要负责人担任主任,体现了节能在企业管理层级中优先级的提升,四级能源管理体制的建立增强了节能主管部门的信息收集能力和相应考核权力,促进节能技术投资决策;

节能奖励资金与对二级单位的节能监测和能源审计相结合，推动各生产单位从技术角度寻求解决方案，并通过节能培训改变生产过程中操作人员的行为模式；集团公司为企业配套的资金支持与技术支持相结合，有助于提升节能主管部门的资源配置权，通过对生产系统的战略性技术改造，达到提高企业的经济技术指标和完成节能总体目标的目的。这构成了企业采取节能行动的内部支撑机制。

五、结论与研究局限性

本文以央企下属企业作为典型案例，自上而下，分多个层次对节能政策执行过程中，各个政策执行机构的行为、被治理企业内部结构调整和相应的行动策略进行描述。结合组织外部环境和内部结构互动的分析框架进行讨论发现：①外部环境的变化是推动企业节能的重要力量。央企集团实施的节能政策措施是推动央企下属企业节能的主要外力量，地方政府在此过程中只发挥了辅助性作用。②外部推动机制和企业内部支持机制共同发挥作用，带来了企业超额完成节能目标的绩效。企业自身的技术能力和从外部获得的支持也是影响企业节能的重要因素。

本文在已有研究基础上，通过对央企集团在节能政策实施过程中发挥的作用进行探讨，丰富了已有研究对节能政策执行主体和对企业影响机制的内容。对央企集团在节能治理中发挥作用的认识和相应经验的吸收，对于进一步完善我国的节能治理体系，提升治理能力具有重要的参考价值。本文的研究同时也存在一定的局限性，由于典型案例来自石油石化行业，该行业受市场环境变化的影响较小。考虑央企中包含的其他行业或多或少都会受能源价格上涨等市场环境变化的影响，对于其他行业央企受节能政策影响机制的探讨，需要更多案例研究进行完善。

Research on the Mechanisms for Energy-Savings Policies that Influence Subordinate Enterprises of Central Enterprises under Dual Regulation

Song Weiwei　QiYe

Abstract: Energy savings became a national strategy during the Eleventh Five-year Plan period in China. With the introduction and impact of energy-savings policies, energy-savings technologies in heavy energy-consuming enterprises improved significantly and the level of energy consumption decreased substantially. The energy-savings performance of subordinate enterprises of central enterprises has been most obvious. This article looks at oil field enterprises that are subordinate to a central enterprise to investigate how energy-savings policies influence these enterprises during the process of policy implementation. The research finds that the environment in the underlying system controlled the enterprise and the exterior environment consisting of energy-savings policies combined with the action of the enterprise. The central enterprise group played a dominant role, and the local government played an auxiliary and supporting role. A change in the systemic environment improved the amount of attention to energy savings in each division through its connection to energy-savings assessments and the employees' income, which encouraged the enterprises to save energy from outside; capital support from the central enterprise group, the adjustment of the internal organizational structure of the enterprise, energy monitoring and energy audits tapping the potential for energy savings, as well as staff training supported the enterprise in terms of internal savings. Affected by the external driving mechanisms and the internal support mechanisms, enterprises subordinate to a central enterprise achieved their energy-savings targets.

Key Words: Energy-Savings Policies; Policy Implementation; Central Enterprise

政府基本公共服务、社区治理与中国居民幸福感研究①

张 辉*

摘 要：公民福祉是政府公共政策追求的目标。本文从国家和社会的角度分别论述了基本公共服务和社区治理对中国居民幸福感的影响。研究表明，经济发展之后，政府基本公共服务水平和社区治理水平对居民的幸福感有重要作用，不仅可以提高收入水平对幸福感的正面影响，而且减弱了收入差距对幸福感的负面影响。本文还证明了在经济欠发达地区，更应该提高政府基本公共服务水平和社区治理水平，以更快地提高当地居民的幸福感。

关键词：幸福感 基本公共服务 社区治理 经济发展水平

一、引 言

幸福是个古老的话题。亚里士多德曾说："幸福是人类存在的唯一目标和目的。"大卫·休谟曾言："一切人类努力的伟大目标在于获得幸福。"马克思和恩格斯认为："实现全人类的共同幸福，是科学世界观和方法论的出发点和落脚点。"在一般人看来，随着经济的发展和人民生活水平的提高，人们的幸福感体验也会不断提高。经济增长越迅速，幸福感的增加会更多，财富、收入或者商品的增加能够使人获得更多福利和幸福，这种相关性是强相关的。根据这一理论，政府决策者以经济增长为目标的发展政策是不应受到挑战的。

美国著名学者埃斯特林(Easterlin)提出，经济的增长并不能带来国民幸福感的提高，虽然在某一特定时期，国内高收入者比低收入者幸福感水平较高，但是与前期相比，

① 特别感谢中国社会综合调查中心(CGSS)给予的数据支持。

* 清华大学公共管理学院博士生。

② 夏海霞. 国民幸福与经济增长[J]. 合作经济与科技，2010(6)：17-18.

③ 高帆. 经济增长如何提升国民幸福感[J]. 当代经济，2011(2)：6-7.

④ 丹尼尔·法伯. 消费、幸福感与经济增长[J]. 金融市场研究，2012(6)：8-12.

收入提高并不意味着幸福感的提升。他认为主要原因在于人们收入提高以后,由于社会比较的因素,人们对未来的期望值会随着收入的增加而同等程度上升,以及人们的幸福感能够较好地适应物质拥有的程度,从而并不觉得收入提高以后的生活与过去有什么不同。他以日本为例,在20世纪70年代,日本国民的经济收入提高了近70%,但是国民的幸福感却出现小幅下降,这就是在幸福感研究中经常被提到的"Easterlin悖论"①。

改革开放以后,我国实现了以"经济建设"为先的发展目标,在收入分配上采取"效率优先、兼顾公平"的原则,这些经济政策的实施提高了人们工作的积极性,促进了经济增长和人均收入水平的提高,但是我国的贫富差距收入也在不断扩大。2013年,国家统计局公布的我国居民的基尼系数为0.473,远高于世界上公认的"0.4"的警戒线,在所有国家中属于较高的水平。在存在严重贫富分化的情况下,如何提高国民的幸福感,促进社会和谐发展,已成为迫切需要研究的问题。

由于经济增长政策的实施带来一系列的社会和环境问题,越来越多的国家和地区从发展经济向关注国民幸福感过渡,并建立各种"幸福感评价指标体系"。"国民幸福感"GNH(Gross National Happiness)指数是20世纪70年代由不丹国王四世旺楚克提出,他认为"国民幸福指标比国民生产总值更为重要",因而提出GNH概念,旨在推进政府如何为国民的幸福谋福利。该指标主要从政府善治、环境保护、文化发展和社会经济增长四个维度考察国民的幸福程度②。此后美国、英国和法国相继引入,这种评价体系便沿用于世界各国。国民幸福指数(GNH)与(GDP)一样重要,逐渐成为监控国家经济社会运行态势,了解人民的生活满意度,同时成为科学的政绩考核组成部分。根据国际发展的趋势,我国的"十二五"规划纲要明确提出:"加快制定并完善有利于推动科学发展、加快转变经济发展方式的绩效评价考核体系和具体考核办法,弱化对经济增长速度的评价考核,强化对结构优化、民生改善、资源节约、环境保护、基本公共服务和社会管理等目标任务完成情况的综合评价考核。"基本公共服务和社会管理等新指标成为政府下一阶段工作的重点。人们所生活的社区是人们获得社会支持一个重要方面,同样社区是社会发展的细胞,在经济体制转轨、社会结构变迁的转型时期,社区治理成为社会发展的基础和核心,因为它是政府公共政策实施的末梢环节,与居民的日常生活紧密结合。本文主要利用中国社会综合调查(CGSS)2010年数据,从国家和社会角度讨论政府基本公共服务和社区治理水平对提升地区居民幸福感的作用机制。

二、已有的研究总结与研究假设

人既是自然人,又是社会人。国家和社会作为人类参与组织形成与发展的两种形式,学术界一直视为人类学研究的主要问题。"国家与社会"的分析方法可以追溯到古

---

① Easterlin R. Does Economic Growth Improve the Human lot? Some Empirical Evidence in Economic Growth[M]. NewYork: Academy Press, 1974: 89-125.

② 卡玛·尤拉. 国民幸福——一个国家发展的指标体系[M]. 北京:北京大学出版社,2011.

希腊哲学家柏拉图和古罗马政治家马库斯·西塞罗，并在此后的在罗马法典中体现出来。此后，国家和社会成为两个不同的层级。恩格斯(1848)认为国家是"国家是社会在一定发展阶段上的产物；从社会中产生但又居于社会之上并且日益同社会脱离的力量，就是国家"①。

围绕"国家与社会"的关系架构，孰轻孰重的问题，曾经产生了重大的分歧。一派认为应该以国家为中心，强调国家的主导作用与价值；另一派强调以社会为中心，突出个人与社会的能力和意义。因而，形成了"大政府小社会"的国家主导和"小政府大社会"的社会自主路线斗争。马基维利、霍布斯到黑格尔更关注国家相对于社会的角色和作用，主张国家主导的体系建构是主体性的，一切制度和政策安排都以国家为中心。而洛克、亚当·斯密、潘恩、孟德斯鸠等主张社会的自治，通过社会契约论倡导社会的先进性，反对国家的主导和干预。显然，他们在关注国家与社会一极的同时，忽视了另外一极的地位和作用。总之，我们不能从国家和社会分离的角度看问题，需要强调国家与社会的统一性，不能忽视任何一方的作用，特别是针对中国这样国家主导型的发展模式，我们更要重视社会在促进国家发展和人类进步中发挥的作用。

在已有幸福感的研究中，多数学者只关注经济地位、收入水平以及个性特征等，有些学者的研究涉及宏观经济政策等，但是我们更需要从国家和社会两个层面讨论幸福感，关注国家治理和社会治理等层面的影响。随着经济增长因素在提升国民幸福感中的作用逐渐减弱，人们的目光开始转向于代表国家职能方面的政府基本公共服务角度，更为重要的是以社会治理的角度分析问题，深入居民生活的社区，从社区服务和治理的角度看待国民幸福感问题。根据原国家计生委 2012 年组织的《中国家庭幸福感热点问题调查》报告显示，住房条件和家庭服务，以及社区环境、社区管理和社区服务，拥有较高的安全感和获得良好的卫生保健服务，其中健康、收入、教育、人际关系、安全感、沟通与交流、与周围家庭对比是关键因素。家庭需求呈现由基本生存和物质的需要，向社会归属感、安全感、心理健康等精神文化层面的需要转变②。

Stutzer 和 Frey 认为，社区的频繁互动会增强居民相对收入变化的敏感性及其对财富的欲望，通过与周围人群的比较，拉大了欲望与真实收入之间的差距，进而影响生活满意度。政府基本公共服务供给上的不公，同样会使低收入群体感受经济地位差异造成的结果，从而激发他们的不满情绪，对个人幸福感造成影响③。埃斯特林(Easterlin)等为了构建一个更好的幸福度理论，在分析财富因素影响幸福感的同时，引入了社会支持的概念。他认为社会生活满意度的重要性可以等同于人们拥有一个更加宽广的社会支持网络，该网络由朋友、社区邻居和宗教组织等构成④。有足够的生物学研究

① 恩格斯. 家庭、私有制和国家的起源[G]. 马克思恩格斯全集. 北京：人民出版社，1984：246-259.

② 王广州. 中国家庭幸福感的测量[J]. 社会，2013(12)：5-10.

③ Stutzer A，Frey B S. Reported Subjective Well-being：A Challenge for Economic Theory and Economic Policy [J]. Schmollers Jahrbuch，2004，124(2)：191-231.

④ Easterlin R A. Income and Happiness：Towards A Unified Theory[J]. Economic Journal，2003.

表明，得到社会支持可以改善人们的健康状况，而因贫富差异造成的社会孤立不利于健康①。

国内学者刘向东、陶涛等提出个人特性、亲人社会、熟人社会、生人社会和自然环境组成的"幸福圈层理论"，为建立幸福感指标体系提供了理论基础。他们认为以往关于幸福感或幸福感研究的众多维度都可以纳入这个体系当中，因而可以构建一个完整的理论体系。他们的主要观点是从社会的角度谈从内到外、由近及远，与个体相连接的社会中各个要素对幸福感的影响，见图 1。由此启发，我们可以将社区治理看作是社区邻里间的互动，并且将政府基本公共服务或者相应的公共政策干预看作是生人社会结构中社会信任和政府信任的构建。

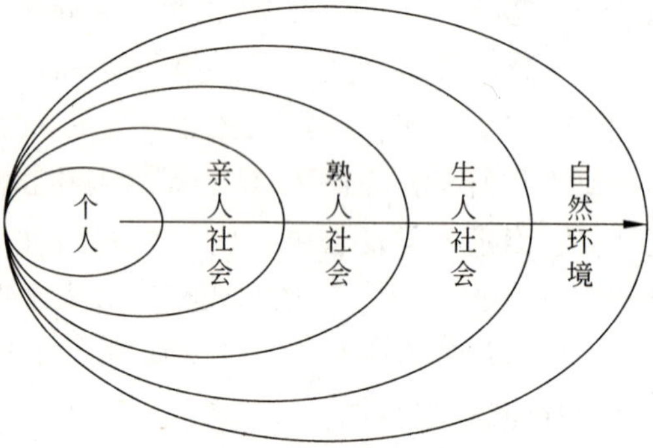

图 1　幸福圈理论主要框架②

美国学者 Hobart A. burch 与中国学者柯少雄借助于医学领域的干预模式，将政策干预系统分为目标群体、代理人和环境三个子系统。目标群体是政策实施的对象、代理人相当于媒介，是直接影响目标群体的人或组织，环境是问题产生的背景，这三者相互作用、相互影响，形成一个系统结构。我们可以借助这种分析方式建构一个以社区居民为目标群体的、政府公共政策和社区治理影响的结构模式，见图 2。

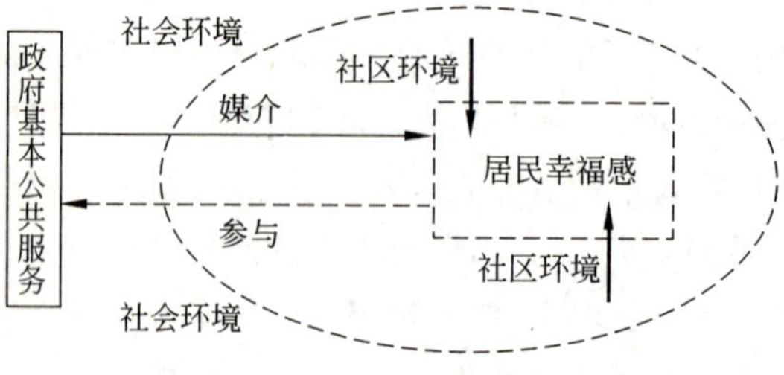

图 2　幸福感的政策干预结构示意图

① Berkman, Glass. Community Initiative Building Community Capacity: A Definitional Framework and Case Studies from a Comprehensive study[J]. Urban Affairs Review, 2000, 3(36): 291-323.

② 引自：刘向东，陶涛．幸福感评价指标体系研究——基于"幸福圈层理论"的实证分析[J]．中国人民大学学报，2012(5)：99-107.

在这种治理结构模式中，政策、环境、媒介和目标群体的幸福感是基本的结构要素，这里的政策特指以改善和提升幸福感为导向的政策。目标群体界定为政策干预的影响对象，既包括个体，也包括群体。目标群体的幸福感与外界环境之间是开放的。从某种意义上说，政策及其媒介也是环境的一部分，是由环境中区分的相对独立的要素。媒介包括政策干预所使用的政策工具、政策执行人与组织等。政策对目标群体幸福感的影响既包括政策影响目标群体幸福感的媒介方式以及环境，也包括政策制定本身所体现出来的姿态及其隐含价值对目标群体幸福感的影响。因此，目标群体可以直接通过对政府制定政策、执行政策的价值体认形成价值判断与满意度感受。当然，反过来，政策提供者也完全可以通过政策制定表明自己的姿态。在现代社会中，政策与目标群体幸福感之间的关系是双向的，居民幸福感受对政策的制定、执行也会产生重要影响。在此影响过程中，社区内的环境，包括居住环境、人文环境，一方面受到政策的影响，形成自己的社区文化，对居民的生活体验发挥影响；另一方面社区内存在的管理机构本身也是政策执行的主体，他们为社区提供相应的公共服务，是政府机构延伸的基层单位，他们的行为也直接影响居民对政府和社会的认知。社区内积极的公共政策参与，包括选举和通畅的建议渠道，都可以改变社区内居民的行为，影响他们的生活满意度。

幸福感具有整体的特点，根据英国新经济基金会（NEF）对幸福的理解框架，经济地位、公共政策和居住环境（包括自然环境和社会环境）是影响幸福感的三大因素，它们与幸福感之间具有不可分割的内在联系。因此，在制定公共政策，促进社区治理水平提升时，必须考虑经济、社会和环境对人们幸福感的内在关系。就个人幸福而言，社会和谐、社会安全以及社会公平对人们的幸福感的影响是显而易见的。人们经常讨论的社会资本同样也是影响幸福感的重要因素。一个生活在充满怀疑与敌对情绪中的人很难会是幸福的。同样，经济和环境也是影响人们幸福感的重要因素，特别是环境的影响作用越来越重要。这三者相互连接实现了对幸福感的影响。任何一项政策的有效实现都离不开多重主体的积极参与并形成协同合力作用。对于幸福感的政策干预而言，建立各类主体间的协同关系，充分发挥合力作用，形成协同性的政策干预体系，对实现政策干预目标非常重要。在特定的社会环境和社会条件下，幸福感的政策干预主要是通过政府、社会组织、家庭和个人四个层面的主体发挥作用。政府是基本公共服务的实施主体，在影响幸福感的外在主体中起非常重要的作用。在现代社会中，随着各类社会组织的不断发育及其法理空间的不断扩展，它们在公共政策中所发挥的作用越来越大。其在幸福感政策干预中主要体现是：①社会组织本身对相关政策以及政策干预的态度影响政府公共政策的效果；②各类社会组织对政策干预过程各环节参与状况影响政策干预；③个体参与社会组织及组织生活本身直接有助于幸福感的提高。

根据以上的研究框架，特提出以下研究假设。

假设1：政府基本公共服务和社区治理不仅可以提高收入对幸福感的正面作用，

同时可以减弱贫富差异对居民的幸福感造成的负面影响。

面对经济增长带来的贫富差异和社会排斥对幸福感的影响,一些学者开始从政府公共政策方面寻求解决之道,提出宏观经济政策在公民生活治理和幸福感方面发挥积极的作用①。马亮等通过实证数据证明政府公共政策绩效对公民幸福感有积极的影响②。Hellwell 和 Haifang 利用 WVS 的数据,将政府治理机制转化为政治民主和政府服务两个因子,比较了政府治理质量对国民幸福感的重要影响③。

假设 2:政府基本公共服务可以满足居民对医疗、教育和环境的各项需求,提升居民的幸福感。

政府在推行基本公共服务的过程中往往不能做到公平和公正,因而从社会的角度而言,社区基层组织能够对政府的公共服务职能进行监督,并通过社区治理能力提升等方面,更好地满足社区内居民的实际需求,利用社区内社会资本,通过社会支持和社会融合等手段,增强社区居民的幸福感。

社会学家涂尔干(Durkheim)提出社会支持和社会融入的概念。他认为通过社会支持,为人们创造群体互动和和谐共融的机会,为个体的生命提供意义和目标,从而促进身心健康④。利用社会网络运用一定的物质和精神手段对社会弱势群体进行无偿帮助,个人得以维持社会身份并且获得情绪支持、物质援助和服务、信息与新的社会接触。依据社会支持理论的观点,一个人所拥有的社会支持网络越强大,就能够越好地应对各种来自环境的挑战⑤。社会融入起初是针对社会疏离(Social Isolation)的情况。根据艾玲森的论述,社会融入概念的提出主要是为了移民流入东道国后快速融入当地生活的状态⑥。后来社会融入也经常被用到个体或者群体被包容进主流社会、社区或者各种社会领域的状态和过程。社会融于一般都倾向于从社会经济、文化价值观念、政治活动、组织参与等多个维度进行分析,不仅仅是身份的融入,更重要的是被社会主体所接纳,思想和文化上融入社区和社会。

因而本文提出在政府之外的另外一个角度就是社会方面,社会方面又深入社会的基层组织社区,通过社会支持和社会融入,调动社区内居民的主动性和参与性,提升社区治理水平,充分利用社区内的资源满足社区居民的需求,促进整个社区的发展。有关社区治理影响居民幸福感的路径主要是社区为社区内管理机构、居民、社会组织或其他社区主体提供了社会支持服务的条件,从而促使社区居民更好地融入社区,通过

---

① Lane R E. The Loss of Happiness in Market Economies[M]. New Haven: Yale University Press, 2000.

② 马亮. 公共服务绩效与公民幸福感:中国地级市的实证研究[J]. 中国行政管理,2013(2):11-23.

③ Hellwell J F, Haifang H. How's Your Government? International Evidence Linking Good Government and Well-Being[J]. Journal of Political Socience, 2008, 38(5): 595-619.

④ 涂尔干. 社会学方法论[M]. 北京:华夏出版社,1988.

⑤ Cassel. Social Capital: Measurement and Consequences[J]. Journal of Policy Research. 1992(2): 41-51.

⑥ Ellinsen. The Influence of Chronically and Temporarily Accessible Information on Life Satisfaction Judgments[J]. Journal of Personality and Social Psychology. 2003, 89(3): 389-426.

社区政治参与和社会组织参与，在社会经济地位、文化价值观念上实行对社区居民身份上的认同，提高对社区的归属感，见图 3。

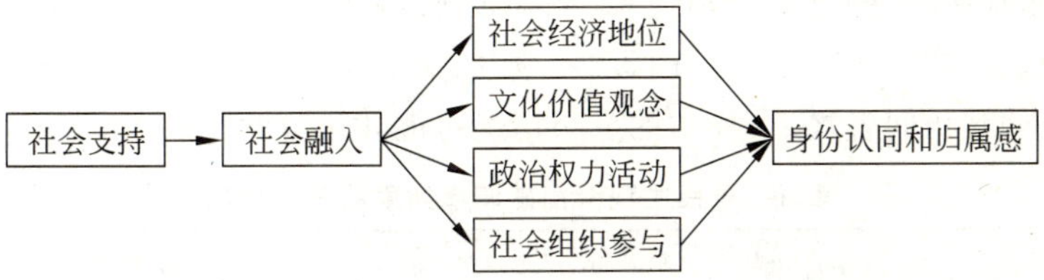

图 3　社会支持和社会融入影响身份认同和归属感的路径

假设 3：社区治理能够为社区居民提供各类社区公共服务，协调解决社区冲突，提升社区资本水平，进而增强居民幸福感水平。

三、实证研究方法

本文研究的数据来自 2010 年中国社会综合调查(CGSS)，其调查点覆盖了中国大陆所有省级行政单位。在全国一共抽取了 100 个县(区)，加上北京、上海、天津、广州、深圳 5 个大城市，作为初级抽样单元。在北京、上海、天津、广州、深圳 5 个大城市，一共抽取 80 个居委会；在每个居委会调查 25 个家庭；在每个抽取的家庭，随机抽取一人进行访问。这样，总样本量约为 12000 个。根据研究的需要，本文查询了《中国县域社会经济统计年鉴》和《中国区域统计年鉴》等统计年鉴，收集了有关政府基本公共服务的相关指标，结合问卷调研的数据进行统计分析。

由于中国社会综合调查(CGSS2010)的问卷对幸福感的测度采用的是多重计分的方式，因而我们采用计算内部信度的克朗巴哈 α 系数，通过计算，CGSS2010 年调查问卷的信度系数为 $\alpha=0.849$，表明该问卷信度非常好。

效度(validity)是测量工具或手段能够准确测量所需测量事物真实状况的程度。为了检测测量指标对于幸福感的有效性，利用 STATA12.0 统计软件进行卡方检验。结果显示，用卡方检验成对的变量不具有多重共线性，所有卡方检验都在 $p<0.01$ 水平上显著，从而表明指标测量具有较好的判别效度。

(一) 变量的定义

1. 居民的幸福感(Subjective Well-being)

幸福感是本文研究的因变量。问卷中对“幸福感”的考察是通过直接询问的方式。问卷中这一问题是：“总的来说，您认为您的生活是否幸福？1. 很不幸福；2. 比较不幸福；3. 居于幸福与不幸福之间；4. 比较幸福；5. 完全幸福，根据回答的选项，将其赋值 1～5，分值越高，幸福感越好。”在全部 11769 名被访问者中，回答“幸福”和“非常幸福”的比例分别是 56.52%和 16.00%，回答“不幸福”和“非常不幸福”的比例分别是 7.69%和 2.11%，回答“一般”的比例是 17.68%。不过，由于一些被访问者的个人和家庭特征及其统计变量缺失，在最终计量分析时，可用的样本量实际上只有 8778 个。但是上述 8778 个被访问者主观幸福感的分布与全样本并未有明显的差异，其中，回答"幸福"和"非常幸福"的比例分别是 57.4%和 16.17%，回答"不幸福"和"非常不幸福"的比例分别是 7.39%和 2.03%，回答"一般"的比例是 17.01%。可见，从全样本中删除数据缺失的被访问者之后，样本的分布情况可能并未有明显改变。

表 1　居民主观幸福感调查结果的分布情况

	总样本		最终样本	
	样本数/个	比例/%	样本数/个	比例/%
非常幸福	1883	16.00	1419	16.17
幸福	6652	56.52	5039	57.40
一般	2081	17.68	1493	17.01
不幸福	905	7.69	649	7.39
很不幸福	248	2.11	178	2.03
总计	11785	100	8778	100

数据来源：中国社会综合调查(CGSS)2010。

2. 政府基本公共服务

关于基本公共服务，中国(海南)改革发展研究院迟福林认为，包括义务教育、公共卫生和基本医疗、基本社会保障、环境保护和公共就业在内的基本公共服务，是全体社会成员所必需的、与人类发展关系最为密切的公共服务。它们不仅对提高人的可行能力必不可少，而且直接影响人类发展水平和社会公平程度，关乎人的寿命、健康、尊严和生活的意义①。陈海威等根据政府提供服务的性质和类型不同，将基本公共服务分为四类：①以保障公民生存权为目标的底线生存服务；②以保障公民发展权为目标的公众发展服务；③以保障公民起码的日常生活和自由为目标的基本环境服务；④以保障公民生命财产为目标的基本安全服务②。

本文借鉴迟福林等人的观点，可以认定基本公共服务是政府在公民本位、社会本位理念指导下，以满足一定经济社会发展阶段全体公民基本的生存和发展需求为底线，以保障公民基本人权、促进人的全面发展为主要目的，以公共资源为主要支撑所必须提供的公共服务。本文将基本公共服务分为两大类：①保障性基本公共服务，包括公共医疗、社会保障、基础设施、环境保护等，主要满足和保障公民基本的生存需求；②发展性基本公共服务，包括就业服务、基础教育、公共文化等，主要满足和保障公民基本的发展需求。

本文使用的主要测量政府基本公共服务的指标，参照了国家"十二五"规划中对基

---

① 迟福林. 政府转型与社会再分配[M]. 北京：中国经济出版社，2008.

② 陈海威. 我国建立基本公共服务体系问题探讨[J]. 理论导刊. 2007(6)：15-23.

本公共服务指标的分类[①]，见图3。政府基本公共服务水平包括以下主要指标：基础教育(Edu)、医疗服务(Medical)、交通基础设施(Trans)、就业保障服务(Employ)、社会保障(Security)、公共文化服务(Culture)和环境保护等(Environment)。

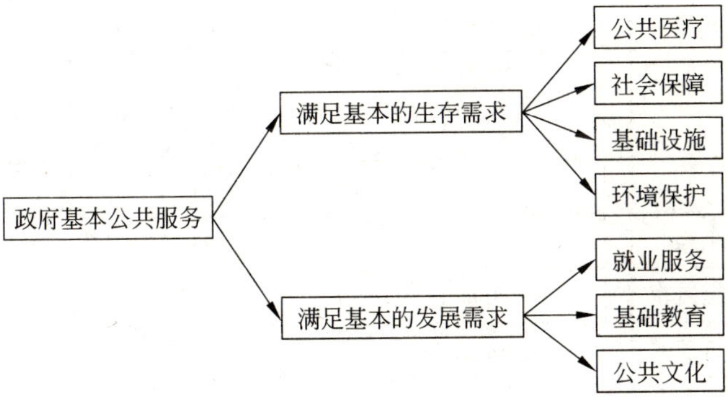

图3 本文提及的基本公共服务所包含的维度

通过对2010年中国社会综合调查(CGSS)的数据分析，我们提取前3个特征值，与之对应的特征向量表见表1。其中3个特征值累积的解释率为85.5%，说明这3个主成分包含了原有15个指标的大部分信息，可以测度一个地区的政府基本公共服务水平。在第一个成分表达式中，社会保障指标前的系数最大，我们可以把第一个主成分看作是社会保障因子(SS)。在第二个成分表达式中，生活垃圾无害化处理率、人均绿地面积等几个参数指标的系数较大，因而可以把第二个成分表达式看作是环境保护因子(EV)。在第三个主成分表达式中，每千人医院床位和中学生师生比前的系数较高，可以把该项看作是医疗教育因子(ME)。

表2表明个人幸福感水平与当地政府基本公共服务各因子之间的相关性。很明显，基本公共服务水平以及反映基本公共服务的各因子，社会保障因子、环境保护因子、医疗教育因子与幸福感存在明显的正相关关系，但是各因子之间并不存在明显的相关关系，因而政府基本公共服务各因子代表性较好。

表2 政府基本公共服务水平因子分析

因子指标	社会保障	环境文化	医疗教育
小学师生比	0.692	−0.148	0.113
中学师生比	0.577	−0.655	0.319
每千人医院床位	0.676	−0.497	0.391
每千人执业医师	0.732	−0.014	−0.244
每百人图书馆藏书	0.206	0.153	0.143

① 胡祖才．关于促进基本公共服务均等化的若干思考[J]．宏观经济管理，2010(8)：23-45.

续表

因子指标	社会保障	环境文化	医疗教育
城市污水处理率	0.321	0.152	0.116
生活垃圾无害化率	0.619	0.477	0.262
人均绿地面积	0.458	0.491	0.274
建成区绿化率	0.315	0.235	0.214
等级公路占比	0.261	0.001	−0.099
单位面积公路里程	0.852	0.122	−0.323
基本养老保险覆盖率	0.872	−0.05	−0.469
基本医疗保险覆盖率	0.904	0.103	−0.274
基本失业保险覆盖率	0.420	0.379	0.225
城镇职工就业率	0.692	−0.148	0.113
特征值	3.624	2.05	1.809
解释方差	57.10%	16.36%	12.00%

数据来源：中国社会综合调查(2010)和中国区域统计年鉴(2010)。

表 3　幸福感与政府基本公共服务各因子相关性

变量	幸福感	社会保障	环境保护	医疗教育
幸福感	1.000			
社会保障服务	0.091*	1.000		
环境保护	0.030	−0.024	1.000	
医疗教育	0.038*	−0.041	−0.037	1.000

* 代表 $p<0.1$。

3. 社区治理

在我国，社区治理是社会治理在基层居民区的重要实践，由社区基层政府组织主导，吸纳社会组织等多方面治理主体参与。对社区内公共事务进行的治理活动，是“以实现和维护群众权利为核心，发挥多元治理主体的作用，针对国家治理中的社会问题，完善社会福利、保障改善民生，化解社会矛盾，促进社会公平，推动社会有序和谐发展的过程”①。

社区治理包括社区管理和社区自治。社区管理实际上存在部分政府机构管理行为，而社区自治则是社区群众对社区基层事务进行积极参与、自发管理的行为，社区此时被看作是自组织。社区管理和社区自治是社区治理的两个最重要方面，两者缺一不

① 姜晓萍. 社区治理中的居民参与[J]. 湖南社会科学，2007(1)：13-20.

可。俞可平曾经提出有关社会治理的相应指标体系，这一体系包含了六大分类指标，分别是人类发展、社会公平、公共服务、社会保障、公共安全和社会参与①。徐延辉、黄云凌曾将社区能力看作是社区组织服务能力、社区参与能力、社区满意度能力以及社区社会资本等方面②。本文用7个指标对社区治理水平进行测量，见表3。

表4　社区治理水平的指标体系

一级指标	二级指标	三级指标
社区治理水平	(1)社区安全	居住的社区感觉安全
	(2)社区互助	邻居之间会相互协助 有困难时，邻居会出手帮助 是否可以从周围邻居家借到工具
	(3)社区服务	社区内适合进行体育锻炼 社区有足够的公共服务设施(社区中心、图书馆、公园绿地等) 社区内有新鲜的水果、蔬菜供应 在社区内是否担心享受不到养老服务
	(4)社区环境	社区内空气污染 社区内水污染 社区内噪音污染
	(5)社区参与	参加村委会、居委会和业委会的工作 向村委会、居委会和业委会提意见和建议 是否在上次居(村)委会的换届选举中投票
	(6)社区信任	对社区管理机构的信任度 对社区邻居的信任度
	(7)社区冲突	是否曾经向有关政府部门反映有关小区的问题 如果社区内有人破坏本社区公物，是否会制止 是否参加过针对本社区的集体上访 是否参加过针对本社区的抗议或请愿 是否向新闻媒体反映社区的问题 是否针对本小区写过联名信件

资料来源：根据《北京市社区基本公共服务指导目录》和俞可平"社会治理综合指标体系"编制。

社区治理水平主要的测量标准包括以下主要指标：社区安全指标(Safe)，社区互助指标(Care)，社区服务指标(Service)、社区环境(Protect)、社区参与(Parti)、社区信任(Beli)和社区冲突(Conf)指标等。其中：①社区安全指标(SF)包括居住在社区内是否感到安全(Comusafe)一项三级指标；②社区互助指标(CR)包括邻居之间是否会相互协助(Help)、在遇到困难时邻居是否会出手帮助(Assist)和是否可以从邻居家借到工具(Borrow)三项分指标；③社区服务指标(SV)包括社区内是否适合进行体育锻炼(Exerc)、社区内是否有足够的公共服务设施(主要指社区娱乐中心、社区图书馆和

① 俞可平. 中国治理评估框架[J]. 经济社会体制比较，2013(4)：153-167.

② 徐延辉，黄云凌. 城市低收入居民的幸福感及其影响因素[J]. 研究经济体制比较，2013(5)：45-56.

绿地等)(Pub)、社区内是否有新鲜水果和蔬菜供应(Food)和社区养老服务(Retire);④社区环境指标(PR)主要包括社区内空气污染(Airpo)、水污染(Waterpo)和噪音污染(Noisepo)三项三级指标;⑤社区参与指标(PT)主要包括是否上次在居委会、业委会或村委会选举中投票(Vote),参加居委会、业委会和村委会的工作(Work),向居委会、业委会和村委会提建议(Proposal)三项分指标;⑥社区信任(Beli)包括对社区管理机构的信任和对社区内邻居的信任等;⑦社区冲突(Conf)包括如果社区内有人破坏社区公物是否会阻止,以及是否会向有关单位反映小区的问题等。以上7项指标基本涵盖了社区治理水平所包含的内容。

我们运用主成分法对社区治理水平的22个指标进行因子分析。通过检验其KMO的值为0.7191,在0.70~0.79,表示对这些变量运用因子分析法比较好。通过相关系数矩阵的特征根选取,选取前三个主成分因子,且贡献率分别为41.5%、30.4%和20.3%。3个特征值累积的解释率为92.2%,说明3个主成分包含了原来22个测量指标信息查的绝大部分,因而用这3个主成分来代替原来的22个测量单位,可以测度调查单位所在社区的治理水平。

表5 社区治理因子分析

因子指标	社区资本	社区冲突	社区服务
社区内空气污染	0.597	0.133	−0.513
社区内水污染	0.470	0.106	−0.500
社区内噪音污染	0.552	0.137	−0.415
社区内适合进行体育锻炼	0.130	−0.012	0.113
社区有新鲜的水果蔬菜供应	0.066	−0.031	0.177
社区有足够的公共服务设施	−0.146	−0.005	0.146
社区内居住是否安全	0.485	0.012	0.073
邻居之间相互关心	0.712	−0.168	0.393
有困难时邻居会出手帮助	0.678	−0.174	0.420
可以从邻居家借到工具	0.351	−0.113	0.175
有破坏社区公物的行为会阻止	0.251	−0.101	0.115
参加居委会、村委会和业委会的工作	0.118	−0.304	0.054
向居委会、村委会和业委会提意见和建议	0.056	−0.376	0.022
是否向有关政府部门反映社区的问题	0.062	0.453	0.076
是否在居(村)委会的换届选举中投票	0.272	−0.122	0.026
在社区内是否担心享受不到养老服务	0.033	−0.013	−0.026
对社区管理机构的信任度	0.236	0.067	0.011
是否参加过针对本社区的集体上访	0.071	0.648	0.190

续表

因子指标	社区资本	社区冲突	社区服务
是否针对本小区写过联名信件	0.071	0.636	0.182
是否向新闻媒体反映社区的问题	0.076	0.344	0.087
是否参加过针对本社区的抗议或请愿	0.056	0.570	0.141
对社区邻居的信任度	0.243	−0.035	0.055
特征值	2.54	1.86	1.24
解释方差/%	41.51	30.37	20.28

我们提取前3个主成分因子，得到与之对应的特征向量表，见表4。通过表4，可以发现在第一个主成分表达式中，社区内邻居是否关心、社区内邻居间互助、社区是否安全以及社区内可否借到邻居的工具和社区污染前的几个指标的系数较大，可以将第一个主成分看作是社区资本因子(SC)，主要是测量社区居民之间的互助、社会支持网络的程度以及社区生活的环境状况。在第二个主成分表达式中，反映针对本社区上访或者抗议、请愿的指标前的系数较大，因而将此因子看作是社区冲突的因子(ST)，它代表了社区解决内部或外部矛盾和冲突的能力。在第三个成分表达式中，代表社区服务设施的几个指标前的系数比较大，可以将第三个主成分表达式看作是社区服务因子(ET)，主要代表了社区内的综合服务和保障水平。

（二）模型建构

本文采用最小二乘法(OLS)、ORDERED LOGIT 有序选择模型和二分类 Logit 模型三种方法，对政府基本公共服务和社区两大因素对居民的幸福感影响进行分析。

有关幸福感(*Happiness*)影响因素的多元线性回归模型可以表达为：

$$Happiness = c + x_1 lnincome + x_2 Hcomparison + x_3 Vcomparison + \alpha_1 SS + \alpha_2 EV + \alpha_3 ME + \beta_1 SC + \beta_2 ST + \beta_3 ET + \gamma Micro + u$$

式中：c 是常数项；$lnincome$ 是个人收入或家庭收入的对数值；$Hcomparison$ 代表横向比较，即与周围人群的收入比较；$Vcomparison$ 代表纵向比较，即与自己过去的经济地位进行比较；SS 是社会保障因子，EV 是环境文化保护因子，ME 是医疗教育服务因子，这三个因子代表了政府基本公共服务水平；SC 是社区资本因子，ST 是社区冲突因子，ET 是社区服务因子，这三个因子代表社区治理水平；$Micro$ 是各种个体微观指标；u 代表误差项。

由于 OLS 方法更为直观，而且简单易用，因此本文也采用最小二乘法(OLS)进行参数估计。本文所做的最小二乘法(OlS)回归为稳健性回归。

累积有序模型 Ordered Logit 假定存在潜变量($Happiness^*$)，并且当 $\mu_j - 1 < happinesss^* \leqslant \mu_j$ 时，$Happiness = i$，其中 $i(1,2,3,4,5)$ 表示主观幸福程度，μ 为切点或分界点。因此构建方程如下：

$$Happiness_{is}^{*} = x_1 Inincome + x_2 Hcomparison + x_3 Vcomparison + \alpha_1 SS + \alpha_2 EV + \alpha_3 ME + \beta_1 SC + \beta_2 ST + \beta_3 ET + \gamma Micro + u$$

式中：累积有序模型(Ordered Logit)除了自变量表达形式和无常数项外，其他自变量与多元回归模型相同。累积有序模型(Ordered Logit)模型采用极大似然估计法进行参数估计。

如果将有关幸福感的测量分为两类：一类是幸福和非常幸福；一类是一般、不幸福和非常不幸福，还可以使用二分类 Logit 方法。

$Logit(Pi)=Xb$，X 是自变量，b 代表变量系数。$Logit(Pi)$是二分类因变量发生概率 $Pr(Yi=1)$和 $Pr(Yi=0)$的发生比($odds$)的对数值。

为了验证居民幸福感形成的其他具体路径，本文除政府基本公共服务和社区治理因素之外，还加入了表示个性特征的变量，如年龄、性别、健康程度、婚姻状况、教育程度、产权住房(是否拥有住房产权×住房的使用面积)、个人收入的情况、纵向收入比较和横向收入比较，以及其他地区控制变量等。这几项指标也是上文所关注的内容。此处加入这些变量是为了使得计量模型更为完善。

四、实证结果及分析

本文运用 Stata12 软件，首先使用简单最小二乘法模型(OLS)，对各自变量对因变量幸福感指数的影响进行估计，计算过程中对各变量进行标准化，以便回归系数可以统一进行比较。统计结果见表 5。

表 6　政府基本公共服务、社区治理对中国居民幸福感的影响(OLS)

变　量	方程(1)	方程(2)	方程(3)	方程(4)
个人收入	0.046*** (2.83)	0.031* (1.85)	0.070*** (4.27)	0.054*** (3.21)
纵向比较	0.059*** (5.90)	0.062*** (6.18)	0.053*** (5.37)	0.056*** (5.68)
横向比较	0.271*** (11.02)	0.275*** (11.07)	0.258*** (10.68)	0.263*** (10.81)
社会保障服务		0.063*** (3.85)		0.071*** (4.36)
环境文化保护		0.011 (0.72)		0.017 (1.07)
医疗教育服务		0.031** (1.99)		0.027* (1.75)
社区资本			0.156*** (8.41)	0.161*** (8.72)
社区冲突			−0.014 (−0.82)	−0.017 (−1.06)
社区服务			0.073*** (4.01)	0.069*** (3.81)

续表

变 量	方程(1)	方程(2)	方程(3)	方程(4)
常数项	2.183*** (9.18)	2.340*** (9.80)	2.111*** (9.00)	2.278*** (9.69)
个性变量	YES	YES	YES	YES
地区变量	YES	YES	YES	YES
*R*2_a	0.188	0.193	0.216	0.222
F 值	48.237	38.711	47.693	40.189
样本数	2837	2826	2837	2826

t statistics in parentheses。

* 为 $p<0.1$，** 为 $p<0.05$，*** 为 $p<0.01$。

1. 基本结果

先看对简单最小二乘法回归模型的分析，方程中各指标已经无量纲化和正向化，方程采用标准化回归方式，以便各自变量前的系数可以进行比较。实证结果见表 5。加入政府基本公共服务因子后，模型二比模型一增加了 0.7%的解释力；加入社区治理因子后，模型三比模型二增加了 2.3%的解释力；但是如果只加入社区治理相关因素，模型四比模型三的解释力增加了 0.6%，说明社区治理相关因素比政府基本公共服务相关因素对居民幸福感的影响更为重要。加入政府基本公共服务和社区治理的两个因素后，模型四的解释力水平比模型一增加了 3.4%，说明模型四的解释力最好，也是其中最佳的解释模型。从模型四看，政府基本公共服务的各因子，包括社会保障服务、环境文化保护和医疗教育等方面，都对居民的幸福感有正向影响，但是环境文化因素对幸福感的影响并不显著。社会保障服务的边际效应为 0.071，而医疗教育服务的边际效应为 0.027，从而说明社会保障服务对幸福感的影响更大，人们也更为关注。在社区治理方面，社区资本、社区服务因子都对居民的幸福感有正向影响，社区冲突因子虽然有负相关关系，统计结果却没有显著性。社区资本无疑是社区治理中影响居民幸福感更为重要的方面，这也证实了社会支持网络和社会融入对社区居民身份认同的重要性。在国内，社区冲突更多地反映在社区周边环境污染以及社区拆迁或征地方面，表现在社区与外在利益群体之间的冲突较多，由于社区冲突的发生率比较低，因而并不是影响居民幸福感的主要因素。社区服务对社区居民的幸福感也有重要的意义，人们越来越看重社区内服务水平的高低。

通过分析社区治理和政府基本公共服务队居民幸福感的影响路径，见方程 4，我们可以看到，在控制社区治理和政府基本公共服务之后，个人收入因素的作用有所扩大，但是与过去经济地位的纵向比较和与周围人群的横向比较等因素前的系数都有不同程度的缩小，这表明社区治理和政府基本公共服务通过社会支持、社会融入以及公共服务等方式，在一定程度上减小了经济地位差异对个人幸福感的影响，提升了居民的幸福感水平。相对于政府基本公共服务而言，社区治理对社区居民的幸福感影响更为直接,通过社区治理水平的提升,社区可以为社区居民建立一个和谐、稳定、安全的社区环境,社区居民之间相互帮助,信任度较高,这样一个强大的邻里互助和社会支持网络,为他们提供物质和精神上的支持,促进了社区居民的参与和接纳能力,进而有效地提升了社区整体的幸福感。方程 2 与方程 1 对比来看,政府基本公共服务的差异反而增强了人们纵向比较和横向比较对幸福感的影响,原因在于享受政府基本公共服务的机会不均等使人们更容易产生不公平的感觉。

有序 LOGIT 模型分析结果与简单最小二乘法的实证结果差别并不大,同样显示了政府基本公共服务、社区治理水平对幸福感的正向影响,见表 6。社区治理水平中的社区冲突对幸福感的影响系数并不显著,与简单最小二乘法模型的实证结果一致。需要注意的是,各变量前的系数与简单最小二乘法前的系数所表示的含义是不一样的。以方程 8 为例,社会服务因子每增加一个单位,幸福感的位于更高层次(1~5 的层级)的可能性增加 26.9%,同样,医疗服务因子每增加一个单位,幸福感位于更高层级的可能性增加 15.1%,环境保护因子每增加一个单位,幸福感位于更高层级的可能性增加 19.6%,基础教育因子每增加一个单位,幸福感位于更高层级的可能性增加 12.2%。对于社区治理水平各因子而言,社区资本因子、社区环境因子每增加一个单位,居民感受到更幸福的可能性分别增加 49.0%、10.5%,社区冲突因子增加一个单位,居民感受到更幸福的可能性下降 0.2%,但是由于没有通过显著性检验,可以忽视社区冲突解决因素对居民幸福感的影响。由此可见,政府基本公共服务和社区治理对居民幸福感的提升都有显著的正向影响。

表 7 政府基本公共服务、社区治理对中国居民幸福感的影响(Ologit)

变量	方程(5)	方程(6)	方程(7)	方程(8)
个人收入	0.107*** (2.60)	0.072* (1.69)	0.173*** (4.04)	0.135*** (3.03)
纵向比较	0.137*** (5.49)	0.145*** (5.74)	0.120*** (4.86)	0.129*** (5.15)
横向比较	0.644*** (10.61)	0.658*** (10.69)	0.623*** (10.27)	0.641*** (10.47)
社会保障服务		0.157*** (3.94)		0.180*** (4.44)
环境文化保护		·0.021 (0.55)		0.032 (0.82)
医疗教育服务		0.086** (2.07)		0.075* (1.81)
社区资本			0.426*** (8.96)	0.438*** (9.20)
社区冲突			−0.050 (−1.29)	−0.058 (−1.51)
社区服务			0.210*** (4.51)	0.202*** (4.32)
个性变量	YES	YES	YES	YES

续表

变　　量	方程(5)	方程(6)	方程(7)	方程(8)
地区变量	YES	YES	YES	YES
N	2837	2826	2837	2826

t statistics in parentheses。

* 为 $p<0.1$，** 为 $p<0.05$，*** 为 $p<0.01$。

我们将回答“非常不幸福”、“不幸福”和“一般”等归类为“不幸福”，值设为 0，将“幸福”和“非常幸福”等归类为“幸福”，值设为 1，因而得到二分类 Logit 模型，见表 7。可以看到，二元 Logit 模型的显示结果与简单最小二乘法和有序 Logit 模型的回归结果基本一致，这也更进一步证明了我们的结论，政府基本公共服务和社区治理对居民幸福感的正向影响。

表 8　政府基本公共服务、社区治理对中国居民幸福感的影响(Logit)

变　　量	方程(9)	方程(10)	方程(11)	方程(12)
个人收入	0.134*** (2.75)	0.082 (1.62)	0.200*** (3.94)	0.148*** (2.81)
纵向比较	0.165*** (5.52)	0.178*** (5.89)	0.153*** (5.02)	0.167*** (5.44)
横向比较	0.658*** (9.50)	0.680*** (9.67)	0.641*** (9.24)	0.666*** (9.50)
社会保障服务		0.254*** (4.42)		0.284*** (4.86)
环境文化保护		−0.011 (−0.19)		0.009 (0.16)
医疗教育服务		0.112** (2.13)		0.103* (1.91)
社区资本			0.398*** (7.19)	0.417*** (7.47)
社区冲突			−0.078 (−1.57)	−0.092* (−1.87)
社区服务			0.202*** (3.75)	0.196*** (3.59)
常数项	−2.679*** (−3.91)	−2.138*** (−3.05)	−2.905*** (−4.11)	−2.344*** (−3.26)
个性变量	YES	YES	YES	YES
地区变量	YES	YES	YES	YES
样本数	2837	2826	2837	2826

t statistics in parentheses。

* 为 $p<0.1$，** 为 $p<0.05$，*** 为 $p<0.01$。

2. 分群体分析

如果将所有样本按户籍分为农村和城市两类,不同户籍样本的实证结果见表 8。

表 9　政府基本公共服务与社区治理对幸福感的影响(分户籍)

变　量	OLS 农村	OLS 城市	LOGIT 农村	LOGIT 城市
个人收入	0.061** (2.44)	0.064** (2.41)	0.210*** (2.81)	0.161* (1.86)
纵向比较	0.049*** (3.29)	0.058*** (4.63)	0.135*** (3.22)	0.195*** (4.19)
横向比较	0.283*** (8.12)	0.233*** (6.76)	0.634*** (6.84)	0.703*** (6.36)
社会保障服务	0.118*** (3.60)	0.054*** (2.75)	0.387*** (3.48)	0.297*** (3.88)
环境文化保护	0.041 (1.30)	−0.004 (−0.19)	0.098 (0.96)	−0.092 (−1.22)
医疗教育服务	0.038 (1.09)	0.022 (1.29)	0.125 (1.29)	0.079 (1.17)
社区资本	0.166*** (5.86)	0.165*** (6.70)	0.427*** (5.62)	0.433*** (4.84)
社区冲突	−0.033 (−1.54)	−0.006 (−0.25)	−0.139** (−1.99)	−0.057 (−0.81)
社区服务	0.076*** (2.88)	0.057** (2.30)	0.206*** (2.78)	0.196** (2.31)
常数项	3.016*** (5.21)	2.541*** (5.45)	−1.176 (−0.64)	−3.028** (−2.01)
个性变量	YES	YES	YES	YES
地区变量	YES	YES	YES	YES
R^2_a	0.201	0.256	—	—
F	18.305	21.818	—	—
N	1500	1326	1500	1326

t statistics in parentheses。

* 为 $p<0.1$,** 为 $p<0.05$,*** 为 $p<0.01$。

政府基本公共服务中的社会保障服务因子,对农村居民的幸福感比城市居民更重要。环境文化保护因子,对农村和城市居民的幸福感没有明确的显著性,说明环境因素,包括环境治理方面还没有引起人们的足够重视。医疗教育服务对农村居民幸福感的影响比城市居民更高,但是也没有显著性。社区资本对农村和城市居民的幸福感都有重要的影响,而且在政府基本公共服务和社区治理 6 个影响因子中属于最重要的影响因素。社区冲突对农村和城市居民的幸福感都没有影响,边际效应也并不显著。社区服务因子对农村居民幸福感的影响要大于城市居民。表 8 的实证结果说明,对农村居民更需要提高社区保障、教育医疗方面的政府基本公共服务水平，满足他们对各项公共服务产品的需求。在社区治理方面，对农村居民，社区服务能力的提高对他们更为重要。农村的社区服务能力与城市社区有很大差距，这也是以后需要加强的环节。

表 10　政府基本公共服务与社区治理对幸福感的影响(按收入高低分层)

变　量	OLS 低收入	OLS 中等收入	OLS 高收入	LOGIT 低收入	LOGIT 中等收入	LOGIT 高收入
个人收入	−0.008 (−0.21)	0.081 (0.87)	0.037 (0.85)	0.025 (0.23)	0.381 (1.27)	0.120 (0.61)
纵向比较	0.052*** (2.78)	0.057*** (3.12)	0.053*** (3.90)	0.137*** (2.74)	0.176*** (3.25)	0.214*** (3.43)
横向比较	0.347*** (7.54)	0.242*** (5.83)	0.175*** (4.42)	0.721*** (6.28)	0.640*** (5.47)	0.680*** (4.58)
社会保障服务	0.187*** (3.94)	0.043 (1.32)	0.045** (2.22)	0.451*** (3.32)	0.213** (2.25)	0.330*** (3.38)
环境文化保护	−0.007 (−0.15)	0.027 (0.82)	0.014 (0.77)	−0.016 (−0.14)	0.084 (0.79)	−0.049 (−0.60)
医疗教育服务	0.037 (0.86)	0.066** (2.04)	0.016 (0.94)	0.106 (0.95)	0.130 (1.40)	0.091 (1.05)
社区资本	0.183*** (4.79)	0.132*** (4.27)	0.191*** (6.90)	0.423*** (4.52)	0.319*** (3.35)	0.618*** (5.40)
社区冲突	−0.041* (−1.66)	−0.031 (−1.08)	0.027 (0.94)	−0.174** (−2.27)	−0.037 (−0.44)	−0.026 (−0.35)
社区服务	0.057* (1.66)	0.072** (2.29)	0.049* (1.75)	0.164* (1.77)	0.178* (1.93)	0.177* (1.71)
常数项	3.855*** (3.50)	1.694* (1.69)	3.490*** (5.36)	−1.374 (−0.56)	−6.185* (−1.95)	−0.335 (−0.13)
个性变量	YES	YES	YES	YES	YES	YES
地区变量	YES	YES	YES	YES	YES	YES
R^2_a	0.234	0.158	0.199	—	—	—
F	16.389	8.479	10.515	—	—	—
N	944	943	939	944	943	939

t statistics in parentheses。

* 为 $p<0.1$，** 为 $p<0.05$，*** 为 $p<0.01$。

如果将所有样本按照收入水平高低分为低收入群体、中等收入群体和高收入群体三类，那么政府基本公共服务和社区治理各项因子对不同收入群体的影响是不同的。社会保障服务对低收入群体比中等收入和高等收入群体有更明显的影响。中低收入群体对医疗服务和基础教育服务的需求比高等收入者更为强烈，边际效应也更高。社区资本对高等收入群体的幸福感影响比中低收入群体幸福感的边际效应影响更明显，说明人们生活水平提高之后，更多的是社会交往、人际交流方面的需求。社区冲突只有对低收入群体有明显的负相关,基本上符合低收入群体更为关注社区内有关自身切身利益的事实。

3. 地区经济发展、基本公共服务与居民幸福感的提升

我们可以通过个人收入水平与政府基本公共服务、社区治理水平的交互项说明这一问题,见表10。社会保障服务与个人收入水平的交互项为负,表明政府提升社会保障服务水平对低收入群体居民比高收入群体居民的幸福感影响更大。同样,医疗服务和基础教育服务也是如此,医疗教育因子与个人收入水平的交互项为负,表明政府较大医疗服务和基础教育服务的力度对低收入群体居民比高收入群体居民的幸福感影响更大。但是,我们没有从环境文化保护因子和个人收入水平交互项得到明显的信息,不管低收入群体还是高收入群体,人们并不关注环境的改善对他们生活条件改善所带来的影响。

表11　个人收入水平背景下政府基本公共服务、社区治理与居民幸福感

变　量	(1)	(2)	(3)	(4)
个人收入	0.054*** (3.21)	0.047*** (2.76)	0.055*** (3.25)	0.048*** (2.78)
纵向比较	0.056*** (5.68)	0.057*** (5.75)	0.056*** (5.67)	0.057*** (5.72)
横向比较	0.263*** (10.81)	0.263*** (10.83)	0.261*** (10.72)	0.261*** (10.75)
社会保障服务	0.071*** (4.36)	0.431*** (2.84)	0.069*** (4.26)	0.441*** (2.85)
环境文化保护	0.017 (1.07)	−0.054 (−0.31)	0.017 (1.06)	−0.031 (−0.18)
医疗教育服务	0.027* (1.75)	0.070 (0.43)	0.027* (1.75)	0.045 (0.27)
社区资本	0.161*** (8.72)	0.162*** (8.82)	0.126 (0.84)	0.188 (1.24)
社区冲突	−0.017 (−1.06)	−0.017 (−1.02)	−0.354** (−2.39)	−0.367** (−2.46)
社区服务	0.069*** (3.81)	0.066*** (3.63)	0.139 (1.04)	0.107 (0.77)
个人收入×社会保障		−0.037** (−2.42)		−0.038** (−2.46)
个人收入×环境文化		0.007 (0.40)		0.005 (0.27)
个人收入×医疗教育		−0.004** (−2.26)		−0.002** (−2.10)
个人收入×社区资本			0.004*** (3.26)	0.003*** (4.16)

续表

变　量	(1)	(2)	(3)	(4)
个人收入×社区冲突			0.037** (2.24)	0.038** (2.31)
个人收入×社区服务			−0.008*** (−8.54)	−0.005*** (−7.31)
常数项	2.278*** (9.69)	2.346*** (9.96)	2.255*** (9.68)	2.321*** (9.92)
个性变量	YES	YES	YES	YES
地区变量	YES	YES	YES	YES
R^2_a	0.222	0.223	0.223	0.224
F	40.189	34.781	34.230	30.265
N	2826	2826	2826	2826

t statistics in parentheses。

* 为 $p<0.1$，** 为 $p<0.05$，*** 为 $p<0.01$。

社区治理中社区资本因子与个人收入水平的交互项为正，表明对于高收入群体而言，生活所在的社区内居民之间的互助和交往对个人幸福感的影响比低收入群体影响更大，富人更为关注社区治理中社区的安全和社区内的人文环境。社区冲突因子与个人收入水平的交互项为正，同样表明社区内冲突解决机制的运转好坏对于富人更为重要。假如生活所在社区内存在严重的矛盾，会对富人的幸福感有更明显的影响。社区治理中的社区服务因子与个人收入水平的交互项为负，对低收入群体提高居住社区的社区服务水平比高收入群体更为重要。

以调研地区的人均 GDP 代表当地的经济发展水平，用地区人均 GDP 与政府基本公共服务乘积、地区人均 GDP 与社区治理水平乘积代表两者的交互效应。从上文模型建构中，可以得到如表 11 所示结果。

表 12　地区经济发展背景下政府基本公共服务、社区治理与居民幸福感

变　量	(1)	(2)	(3)	(4)
个人收入	0.048*** (2.83)	0.048*** (2.80)	0.049*** (2.84)	0.048*** (2.83)
地区经济发展	0.056* (1.80)	0.065* (1.76)	0.054* (1.73)	0.059 (1.59)
纵向比较	0.056*** (5.70)	0.056*** (5.69)	0.056*** (5.65)	0.056*** (5.64)
横向比较	0.264*** (10.87)	0.264*** (10.84)	0.264*** (10.86)	0.264*** (10.82)
社会服务	0.049** (2.47)	0.034** (2.10)	0.046** (2.31)	0.020 (0.06)

续表

变　量	(1)	(2)	(3)	(4)
环境文化	0.017 (1.07)	0.238 (0.64)	0.016 (1.02)	0.225 (0.60)
医疗教育	0.022 (1.46)	0.085 (0.28)	0.024 (1.55)	0.050 (0.16)
社区资本	0.164*** (8.83)	0.164*** (8.83)	0.590** (2.29)	0.586** (2.26)
社区冲突	−0.017 (−1.05)	−0.017 (−1.03)	−0.017 (−0.08)	−0.018 (−0.09)
社区服务	0.069*** (3.85)	0.069*** (3.81)	0.059 (0.23)	0.063 (0.24)
地区经济发展×社会保障		−0.007** (−2.25)		−0.002** (−3.07)
地区经济发展×环境文化		−0.020*** (−3.59)		−0.019** (−3.56)
地区经济发展×医疗教育		−0.010*** (−3.35)		−0.007*** (−4.23)
地区经济发展×社区资本			0.041* (1.67)	0.040** (2.64)
地区经济发展×社区冲突			−0.000 (−0.01)	−0.000 (−0.01)
地区经济发展×社区服务			−0.001** (−2.05)	−0.001*** (−4.03)
常数项	1.754*** (4.58)	1.657*** (3.74)	1.759*** (4.58)	1.705*** (3.85)
个性变量	YES	YES	YES	YES
地区变量	YES	YES	YES	YES
R^2_a	0.222	0.222	0.222	0.222
F	38.376	33.065	33.110	29.124
N	2826	2826	2826	2826

t statistics in parentheses。

* 为 $p<0.1$，** 为 $p<0.05$，*** 为 $p<0.01$。

通过对表 11 的分析，可以看到在控制经济发展水平、个性特征变量和地区变量的情况下，地区经济发展与政府基本公共服务、社区治理的交乘项均为负值，说明对于经济发展水平较弱的地区，提高政府基本公共服务水平对人们的幸福感影响更强，而对于经济较为发达的地区，提高政府基本公共服务水平对人们的幸福感影响较弱。这说明政府提出的基本公共服务均等化的重要意义。对于经济发展水平不同的区域，经济发展水平较高的地区，政府有更多的财政收入进行政府基本公共服务投入，但是这种投入的边际效应是递减的；而对于经济发展水平较低的地区，政府在基本公共服务上较多的投入反而可以较快地提高居民的幸福感水平。但是由于政府财政收入与经济发展地区相比仍有一定的差距，因而需要中央政府在转移支付上给予欠发达地区更多的投入，包括基础设施、医疗保障、基础教育和社会保障服务方面更多的支持。

随着经济发展水平的提高，社区治理中社区资本的边际效应在逐步增强。也就是说，在经济发达的地区，社区内居民的互助以及社区人际关系变得更为重要。在经济发达地区提高社区内社会资本的意义比落后地区更大，社区内和谐互助的氛围会显著提升人们的幸福感指数。另外需要注意的是，社区服务与经济发展水平的交互项呈现负效应，在经济发展水平落后地区，需要尽快提升居民的社区服务条件。社区服务的提升与政府基本公共服务的供给具有一定的相关性，只要政府加大对民生的投入力度，对提高当地居民的福祉非常有利。

五、结　论

功利主义者认为，一切公共政策和行为的目标是实现社会上最大的善，也就是社会总体幸福感的最大化，人类行为的唯一目的是求得幸福，所以对幸福的促进就成为判断人的一切行为的标准。在实现社会最大幸福的过程中，财富被赋予基础性地位，这也是经济学家的目标，从古典经济学派到新自由主义经济学派，实现经济增长和提升国民收入的最终目标就是提高全体国民的幸福感。但是，随着庇古福利经济学定理的提出，人们开始将更多的目光投向财富的平均分配。有关幸福感的研究逐步改变了人们的传统认识，经济的发展，特别是以 GDP 为纲的政策核心受到越来越多人的批判，纳入了经济、社会和环境等的综合性指标的人类发展指数逐步成为世界上大多数国家实施的标准。

在中国，经济快速转型的时期，改革开放 30 多年来的经济发展带来了过大的贫富差异，社会上存在的不公导致了社会矛盾频发，严重影响了社会的整体福利水平和社会稳定。本文通过从国家层面引入政府基本公共服务、从社会层面讨论社区治理两方面的指标对影响居民幸福感的机制进行了深入的讨论，有助于引起人们对于国家和社会善治的理解。

通过实证分析，证实政府基本公共服务和社区治理水平的提升从某种程度上减弱了贫富差异对社区居民幸福感的负面影响，而不是加强了贫富差异对幸福感的影响。首先社区居民之间通过社区内的社会支持网络，获取了彼此之间的信赖关系，从社区内获得了物质和精神上的激励，增强了对社区的身份认同感和归属感，从而弥补收入差异造成的负面影响。美国学者埃斯特林也认为社会支持对幸福感的重要性。他认为社区非营利组织和自治委员会的形成，有利于增强社区内的社会资本，降低收入差异带来的不利影响，从而提升整个社区的幸福感。Diner 也认为社区内良好的社区组织和政治参与度，特别是与每个社区居民日常生活息息相关的社会资本，可以让社区的居民获得某种精神上的激励和支持，使他们在面对困难时能够获得来自社区邻居的帮助。

另外，政府基本公共服务水平可以满足社区居民对医疗、教育和社会保障等方面的需求,进而提高幸福感。通过政策干预理论的分析,政府在面对群众的公共需求时,如果能够公平有效地满足他们的需要,不仅可以提高群众对政府的信任,而且可以带动群众的政治参与,提升整体地区的居民福祉。相反,一个腐败多发、只顾部门利益而不顾群众利益的政府必定得不到群众的信任,人们的幸福感也会因为对政府的不满和政府满足他们需求的不足而逐步削弱。因此,政府应该促进基本公共服务均等化,做到社会资源公平和有效地分配,从而促进社会的公平和公正,提升广大居民的幸福感水平。

我们还验证了假设 3 结论的正确性,也就是社区治理水平对社区居民幸福感的正向影响。社区内社会资本的形成和社区环境的改善,可以满足社区群众生活和交往的需要,进而增强其幸福感。社区是居民的安家立命之所,因而社区的人文环境和自然环境最贴近人们的真实需求,如果不能被社区接纳,就会形成强烈的社会隔离感,人们在社区内也不会生活的幸福。由此可以得出结论,社区治理将是未来提升中国居民幸福感新的领域,而现实是我们的社区工作做得还远远不够,比如社区内居民参与程度低,缺乏对社区公共事务管理的热情,行政机构依然在社区内占据主导地位,社会组织和企业单位与社区的合作程度还比较低等,都是需要努力的方向。

从最后的分析结果可以看出,对于经济欠发达地区更应该通过政府基本公共服务水平提升他们的幸福感,但是政府基本公共服务和一个地区的经济发展水平有很强的相关性。也就是说,从根本上需要发展地区经济,从而加快政府基本公共服务能力建设和社区服务能力对于地区居民的重要作用。国家现在提出政府基本公共服务均等化,加快对欠发达地区的财政投入,更多的政策涉及民生议题,这些都是提升整个国家国民福祉的正确方向。我们还分析了社区资本对于不同收入居民都具有重要的作用,一个社区治理水平的高低关键还在于社区的人文建设,提高居民的参与度,建设和谐互助的新社区。

Public Services, Community Governance, and the Well-being of Chinese Residents

Zhanghui

Abstract: The well-being of citizens is the goal of government public policy. This article discusses the influence of basic public services and community governance of Chinese residents from the perspective of the nation and society. Studies have shown that after the development of the economy, the basic public services and community governance of residents have an important role in weakening the negative effects of the income gap in terms of happiness. This article also demonstrates that in economically underdeveloped areas, the government should improve basic public services and the level of community governance to quickly improve the well-being of local residents.

Key Words: Public Service; Community Governance; Subjective Well-being

评　论

罗纳德·科斯的"中国研究"评述
——以《变革中国：市场经济的中国之路》为文本的解读①

吴　强*

摘　要：作为享誉世界的著名经济学家，科斯不仅以其在新制度经济学、产权经济学、法与经济学等领域内所做的杰出贡献问鼎1991年诺贝尔经济学奖，而且长期关注中国的发展进程，除慷慨出资组织国际学术会议之外，更在其助手王宁协助下对中国自1949年以来，特别是1978年改革开放后的经济转轨和社会跃迁做了大量精细入微研究，其具体成果即是《变革中国：市场经济的中国之路》一书——凝聚科斯晚年学术精义的集大成之作。科斯在书中理性、平实且不无欣赏地观照中国这60多年来所走过的路，可贵之处在于该书以历史主义视角为基础，辅之产权、契约、交易成本等新制度经济学几大关键概念作为分析工具和概念框架，针对中国市场经济改革提出一整套合理化解释。

关键词：科斯　《变革中国》　新制度经济学　历史主义　产权　制度　国家　市场

一、文献综述

依据国内外既有学科畛域的划分，科斯《变革中国：市场经济的中国之路》(以下简称《变革中国》)一书所做的研究在大类上可归属为"国史(中华人民共和国史)研究"或广义上的"当代中国研究"②(Modern China Studies，时段侧重于近现代和当代中国，与偏重于古典历史典籍和名物制度研究的欧洲传统"汉学"略有不同，是一门建立在

① 为了尊重不同译者的翻译习惯，写作过程中在引用时对于有关科斯姓名的译法也就未作统一，而是以科斯著作各汉译本中的译名为准。

* 吴强，武汉大学历史学院博士研究生，主要研究方向为世界的整体发展与现代化进程。通信地址：武汉大学历史学院；430072；E-mail：huangheqingshan_2007@126.com。

② 参见周晓虹. 当代中国研究的历史与现状[J]. 南京大学学报，2002，3：227.

现代社会科学及其方法论基础之上的综合性研究,费正清当是这一研究范式的开创者和集大成者)。在进入正题之前,笔者试从对既有相关文献的爬梳中提要钩玄,以为能在大历史的纵深视线下和"中国研究"的学术谱系中定位科斯言说提供立论基础。

与任何历史研究相同,"国史"研究在国内也有它十分明确的研究对象和涵盖范围,它所指的是"1949年中华人民共和国成立以来,在她的领土、领海、领空范围内,社会发展及自然环境变化的历史"①,也被称作"中国当代史",以与中国古代史、中国近代史和中国现代史相区隔,中国社科院当代中国研究所组织编写并于2012年出版的4卷本《中华人民共和国史稿》就代表了目前"国史"研究的最高水准。但此类研究在具体操作时有浓厚的官修史学色彩,且多为集体编写,惯于排比罗列成绩与问题,有些还带有明显的以论带史痕迹,缺乏令人信服的证据与史料支撑②。同时,由于"党史是国史的核心内容,新中国成立后的党史走向决定着国史走向"③,实际研究中则囿于多重因素而很难把两者较为清晰准确地区分开来,甚至部分学者干脆将"国史"作为新中国成立后"党史"的延续论述和编撰,"存在着过多地集中于政治史研究,偏重于国家的重大决策等倾向,而法制史、经济史、科技史、文化史、教育史、社会史等领域的研究比较薄弱"④,从而造成两者内容上的混淆和重叠,难以高屋建瓴。

由沈志华、杨奎松等国内名家撰写的10卷本《中华人民共和国国史》,无论是在编写形式的选择还是使用材料的广度都较同类著作更为优越。该套书不仅按照编年顺序邀请精研各时段历史之专家独自撰写专论,允许多元声音并存,而且大量运用多语种(中、英、俄)档案文献(包括苏联解密档案、中国解密档案和各省市档案)、报刊、研究论著、口述史,对历史当事人、亲历者的访问记录等资料,力求将共和国1949~1981年的历史发展进程说清楚、讲明白,首先做到告诉读者到底发生了什么事情。诚如金观涛在总序中所说,"史料之丰富、辨析之充分,正是本套书的重要特色"⑤,澄清和有力推动了对新中国历史相关事件的认知,但缺少理论导引和贯穿主轴也使该套书显得高度不够。港台学者的新中国研究长期以来"从属于敌对关系之下的'情治'范畴",其后也主要是重点关注"国际冷战结束背景下的祖国大陆的改革开放,经济崛起及两岸经贸关系的解冻"⑥。

西方学者自新中国成立前后便已开始对它展开研究,前述费正清及其领导下的哈佛中国研究长期在西方执"当代中国研究"之牛耳,其团队擅长专题式研究,强调选题和研究成果的现实意义,某种程度上直接为现实政治提供殷鉴。费正清本人的研究就是"有意识地为美国对华政策服务的","美国的利益"和"现实主义"⑦是其两大核心原

① 朱佳木,孙庆忠. 中国当代史与当代中国问题研究——朱佳木教授访谈录[J]. 中国农业大学学报,2014(1):5.

② 参见朱佳木. 如何观察当代中国[J]. 红旗文摘,2012(18):9.

③ 朱佳木. 论中华人民共和国史研究[J]. 中国社会科学,2009(1):177.

④ 张星星. 中华人民共和国史研究的现状[J]. 当代中国史研究,2008(2):20.

⑤ 沈志华. 中华人民共和国史[M]. 香港:中文大学出版社,2008:XIII.

⑥ 莫岳云. 台港地区新中国史研究评析[M]. 北京:华文出版社,2012:1.

⑦ 费正清. 费正清自传[M]. 天津:天津人民出版社,2003:588,611.

则。另有其他一些西方学者或在大学担任教职，或在智库从事对策性研究，偏好于选取中国内部某一地区进行案例分析或从事比较研究（如将中国西部大开发与美国西进运动、中国与日本、中国与新加坡等比较）。但他们的研究目的多半还是试图论证“在改革开放过程中中国在多大程度上接受了西方的理论，以及理论运用的结果是怎样的，是否是西方人所希望看到的市场经济和民主政治制度等”①。这些研究者的个人资质、资料掌握及其中文水平参差不齐，个别学者基于自身一厢情愿式臆想所做的评论则与事实相去甚远，非常离谱。②

与上述学者相比，科斯（Ronald H. Coarse，1910—2013）③的中国研究较好地做到理论与历史有机结合，以经济学家身份从制度经济学的研究视域出发对新中国的历史演进和未来趋势做出精到分析。它以历史为基础而并未拘泥于细节，更非官方说法之简单注解，而是一部严格的学术作品，基于布罗代尔的长时段视角对新中国的长期演变和主客观环境之变异提出一整套解释框架，或可作为“当代中国研究”和“社会转轨研究”的典范。

本文以下将从四个方面进行讨论：第二部分主要论及催生《变革中国》一书的背景，——这其中不仅有科斯本人的性格因素和对中国的深厚情谊在内，而且也是他与中国经济学家热络往还的历史见证，更与他的经济学方法论密切相关；第三部分认为前述这些因素的加总使得该书能够在西方经济学中国研究的谱系中有其地位，切实做到以中国的视角观察；后两部分以《变革中国》为文本并参照其他有关著作重点分析科斯中国研究的内在逻辑理路和主要观点，最后则以结论性说明和省思作为全文收尾。

二、《变革中国》的诞生

就作品数量而言，科斯显然不属于著作等身之列，但其《企业的性质》、《社会成本问题》这两篇分别发表于 1937 年和 1960 年的论文却早已作为经典文献而永留青史，成为不同时代和地区的人们常读常新的不朽之作。④

---

① 巫云仙. 从《中国季刊》看西方学者对中华人民共和国史的研究[J]. 中共党史研究，2008(1)：111.

② 西方左派学者在“文化大革命”问题上的态度就颇能反映这一点，如法国著名经济学家夏尔·贝特兰（Charles Bettelheim）曾于 1978 年 3 月 3 日发表长文《大跃退》，认为“对文化大革命的否定，这是名副其实的跃退”。参见夏尔·贝特兰、尼尔·伯顿. 毛泽东逝世后的中国[M]. 北京：外文出版局，1979.

③ 美籍英裔著名经济学家，新制度经济学、产权经济学、法与经济学这三大领域内的代表性人物，1991 年诺贝尔经济学奖得主。在其生前，科斯就已被视为当世最为伟大的经济学家之一，其理论创新获在得到业内同行普遍承认的同时也早已跨越经济学单一学科范畴而被其他领域内的研究者所广为运用。与马克思、斯密等前辈类似，科斯不仅是一位提出某种理论的经济学家，更是那些能够提出问题让人们不断思考的思想者，这或许也是他在西方和遥远的中国都具有无远弗届影响力的主要原因，因为理论可以被超越甚至是取代，但思想的魅力却光照永恒。

诚如《科斯经济学》一书编者米德玛所言：“《科斯经济学》英文原版的出版距今已近十年，这段时间见证了科斯贡献所激发的学术成果的持续增长。”参见斯蒂文·G. 米德玛. 科斯经济学：法与经济学和新制度经济学[C]. 上海：三联书店，2007：1.

④ 《企业的性质》一文被公认为新制度经济学作为一个经济学流派诞生的标志。参见克劳德·梅纳尔. 制度、契约与组织——从新制度经济学角度的透视[G]. 北京：经济科学出版社，2003：10.

科斯思想传入中国始于改革开放正如火如荼进行中的1986年，虽然较晚，但甫一进入便迅速风靡国内，成为经济学界分析中国改革进程的重要学术资源。也正是在此过程中，以周其仁、张维迎、张曙光、盛洪等人为代表的部分学者不仅在思想上接受了科斯的产权学说和社会成本理论，更为重要之处还在于他们将其运用于自身学术研究和观照中国实际经济发展，成为在中国传播科斯思想的重要推手。随着科斯本人在1991年问鼎诺贝尔桂冠，其在中国的影响力可谓与日俱增，与中国学者之间的学术联系也更为密切。从致信祝贺获得诺奖、组建"科斯中国学会"、翻译出版主要著作，到2010年庆贺百岁寿诞、召开学术讨论会，国人丝毫不吝啬对老人家的溢美之辞——"科斯的理论可媲美牛顿定律"、"科斯是亚当·斯密真正的传人"[①]。毫不夸张地说，科斯已然成为这个时代在中国最负盛名的西方经济学家，他本人也通过科斯基金会在芝加哥大学组织并资助了"中国经济体制改革30年"讨论会(2008年)和"工业的生产结构"讨论会(2010年)。

正是在此背景下，科斯在其中国助手王宁博士协助之下于2013年出版专门解读中国经济改革和社会转型的《变革中国：市场经济的中国之路》一书也就别具一番意义！同为诺贝尔经济学奖得主的道格拉斯·诺思就对该书给予高度评价："这是所有关于经济变革以及中国的研究文献中极为厚重的一笔。在我所知道的关于经济变革和发展的文献中，无一能对一个在磕磕碰碰中演变的社会进行如此详尽的研究，尤其是对像中国这样经历了漫漫征程而前路依然漫长的社会。"[②]需要追问的是：科斯在书中说了些什么？他是如何看待中国在过去数十年间所取得的巨大成就及其依然存在的问题？沿此思路进一步追溯：科斯为何会对中国"一往情深"，他的中国情结到底是基于个人感情因素还是其经济学方法论驱使下的必然？对此问题的回答首先需检视自斯密以来西方经济学发展谱系中的中国形象变迁，而后才能更为显示科斯中国论述的独特性。

三、西方经济学发展谱系中的中国形象变迁

西方文明发源于古希腊，届时就已有经济思想的萌芽(如色诺芬所著《经济论》乃现今保存下来最早的古希腊经济著作)，但经济学作为一门真正意义上的学科则始自斯密《国富论》1776年的出版。在该书第8章，斯密认为中国一向富裕广博、物产丰厚、土地肥沃，然而长久以来却已处于静止停滞状态。"今日旅行家关于中国耕作、勤劳及人口稠密状况的报告，与五百年前观察该国的马哥孛罗的记述比较，几乎没有什么区别。"[③]斯密此等"中国停滞论"在较其稍晚的黑格尔处发展至高峰，后者在《历史哲学》中认为，中国"所以无从发生任何变化，一种终古如此的固定的东西代替了一种

① 张曙光、盛洪. 科斯与中国：一位经济学大师的中国影响力[C]. 北京：中信出版社，2013：19，25.

② 参见《变革中国》一书封底。

③ 亚当·斯密. 国民财富的性质和原因的研究[M]. 北京：商务印书馆，2011：66.

真正的东西”[①]，甚至将中国和印度从世界历史的发展进程中排除在外。与斯密同期的法国重农学派代表魁奈虽然盛赞遥远东方的文物制度、礼法风俗和国富民强——“自从欧洲人用支那一词来命名这个帝国（这个名称沿用至今）以后，不论在哪一个时代，都没有人能够否认这是世界上最美丽的国家，是已知的人口最稠密而又最繁荣的王国”[②]，但其研究旨趣并非真正意义上的体认，而是因对法国国内情势不满而将希望寄托于中国。事实上，欧洲之所以不时会刮起“中国风”，其根本原因还是来自欧洲内部，“西方的中国形象毕竟是西方人自己建构的”[③]。

继黑格尔之后，韦伯这位兼具经济学家和社会学家双重身份的德国一代学术宗师也在其世界诸宗教伦理研究中论及中国。在他看来，包括中国在内的东方国家并未能发展出一套“自由劳动之理性的资本主义组织方式”[④]，也没有真正意义上的现代科学，而这些因素的综合作用最后使得资本主义精神在这些地区仅仅停留在所谓“萌芽”阶段而无法成长为一株苍天大树。在韦伯的书中，“‘中国没有……’，‘由于缺乏……所以妨碍了……’”[⑤]之类命题不胜枚举。同为来自德语世界的米瑟斯和哈耶克虽然并没有直接评论中国，但前者在其《社会主义》一书中对整个盛行于社会主义国家的计划经济制度做了全盘批判和彻底否定。他认为社会主义社会无法进行经济核算，也无法确定经济经营的成本和成果，仅就这些就能判断社会主义不可行。“它不可能找到这样一种组织形式，使个人的经济活动脱离跟其他公民的合作但又不使其面对完全成为赌博的风险”[⑥]。而哈耶克则更是直言不讳地批判社会主义体制将导致“通往奴役之路”。

相比于上述几位，出身于20世纪30年代伦敦政治经济学院，被周遭一致公认极具绅士风范（平和、谦虚、慈祥、温文尔雅、对未知事务充满好奇心的同时也非常谨慎）的科斯在观察中国时不论是个人情感还是立场角度都有所不同，而这些也让他对中国抱持深厚情感。

与大多数西方人类似，科斯自年少读过《马可波罗游记》后便对书中所描述的那个古老国家充满敬意和向往，成年后也一直关注中国社会的动向，迈入老年后，其梦想依然是“打算再次扬帆，寻找通往中国的航线”[⑦]。“我对中国的未来，一直坚信不疑……我一直感到，中国有巨大潜能。自1978年以后，我认为它一直在朝着实现这个潜能的方向发展……中国的奋斗，就是世界的奋斗……我即将长眠……如果你们能取得成功，我会感到幸福。”[⑧]或许是天意使然，张五常和王宁这两位中国经济学家一前一后

① 黑格尔．历史哲学[M]．上海：上海书店出版社，2001：117．
② 魁奈．中华帝国的专制制度[M]．北京：商务印书馆，1992：39．
③ 黄兴涛．文化史的视野：黄兴涛学术自选集[G]．福州：福建教育出版社，2000：392．
④ 马克斯·韦伯．新教伦理与资本主义精神[M]．西安：陕西师范大学出版社，2006：7．
⑤ 富永健一．马克斯·韦伯论中国和日本的现代化[J]．社会学研究，1988，2：53．
⑥ 路德维希·冯·米瑟斯．社会主义：经济与社会学的分析[M]．北京：中国社会科学出版社，2008：186．
⑦ 罗纳德·H．科斯论经济和经济学家[G]．上海：格致出版社，2010：17．
⑧ 张五常．中国的经济制度[M]．北京：中信出版社，2009：199-203．

出现在科斯生命中。张五常与科斯亦师亦友,谈学论道间更有对各自所创理论的惺惺相惜,而科斯的一番话也说动张五常在20世纪80年代初就任香港大学教职。"没有人怀疑你在美国的学术成就,但中国要改革,他们不会知道怎样做才对。经济制度的运作你可能比任何人知道得多,又懂中文,他们不改无话可说,但如果真的要改你回到中国的贡献会比留在美国的大。"①于今回溯,科斯这番话无疑充满洞见。王宁既是科斯的博士后,又是他晚年的重要学术助手,不仅协助完成《变革中国》一书,而且也搭建了科斯与中国经济学界更为紧密联系、交流的平台,这对于科斯进一步了解中国和科斯经济学在中国的传播都至关重要。

正因为有这些媒介的存在,从未踏足中国,也不谙中文的科斯在剖析中国经济改革时能够突破"西方中心论"和主流"形式主义"(Formalism)②理论的传统泥淖,强调"以中国为中心"③和基于中国实践。此外,切不可忽视其经济学方法论所起的内在推动。换言之,科斯自身的经济哲学是使他亲近中国和关注中国最为根本性的原因。

作为学科开创者,斯密在《国富论》"看不见的手"外尚有论述人类利它情感的《道德情操论》,其思想体系绝非单纯的"市场一元论",也含有对分工、组织等社会多元要素的讨论。但斯密古典传统并未受到后世经济学家的重视和阐扬,着重从模型出发、依靠数学工具主要分析以价格变动为基础的经济机制这一新古典经济学研究范式在很长一段时间内成为经济学研究的主导,该范式的前提假设即是理性人在制度给定情形下如何优化资源配置并做出最佳选择,但问题在于假设终归不是现实。同时,"在社会科学中,唯有经济学,或者更确切地说,理论经济学,一心一意地致力于登入精确科学之殿堂"④。正如奈特所言,经济学家试图将经济学"科学化",做到犹如物理学一般科学解释世界,这既使经济学具备足够战力"攻城略地"("经济学帝国主义"),也使经济学进一步抽象化,远离现实生活,"一个不争的事实是它与真实世界越来越疏远了"⑤。

出于对新古典经济学的反思,科斯主张"我们应该关注现实中的商品与劳务,以及是什么决定它们的种类和数量"。也就是说,经济学家所做的不应是"从模型到模型"式纯数学推算,而应将研究重心从价格转至真实世界中的经济活动,尤其是制度的安排和演化。科斯将前一种研究称之为"黑板经济学"(Blackboard Economics),而把这些工具应用到分析经济制度上来的后一种研究则是科斯心目中经济学的原本面貌(或者说是"正确的经济学"),这也就是将产权和交易成本这两大要素纳入其中而有别于旧制度经济学的新制度经济学。"当代制度经济学是'经济学'本来就应该是的那种经

① 张五常. 经济解释[M]. 北京:中信出版社,2014:495-496.

② 黄宗智. 认识中国——走向从实践出发的社会科学[J]. 中国社会科学,2005(1):84.

③ 柯文. 在中国发现历史:中国中心观在美国的兴起[M]. 北京:中华书局,1989:131.

④ 弗兰克·奈特. 风险、不确定性与利润[M]. 北京:华夏出版社,2013:3.

⑤ 克劳德·梅纳尔. 制度、契约与组织——从新制度经济学角度的透视[G]. 北京:经济科学出版社,2003:11.

济学"[①]。制度安排(Institutional Arrangements)不能只对其预测的精准度感兴趣，而应作为进一步思考的基础而助益于理解当下事务。环顾整个世界，再也没有其他地区能比中国过去30多年来所走过的改革之路更能体现新制度经济学的学术价值，产权明晰、权利界定和组织成本已经成为中国诸多经济学人朗朗上口的术语词汇，一般民众的权利意识和产权概念也在日益提高，而政府也顺应时势将对民众合法财产的保护写入宪法。在致中国著名经济学家盛洪的一封信中，科斯乐观认为："我坚信，对中国正在发生什么和曾经发生什么的了解，非常有助于改进和丰富我们对影响经济体系运行的制度结构的分析。"[②]可以说，科斯经济哲学中对制度、实践和经验的重视刚好与中国改革的内生需求正向而行，两者节奏合拍，共推互动。

四、改革前的历史遗产

历史发展有其内在连续性、稳定性和逻辑性，中国经济转轨不是建立在毫无根基的一堆沙丘之上，而是在此前将近30年已有建设这一前提下继续向前推进。如同习近平总书记所说的"两个不能否定"[③](不能用改革开放后的历史时期否定改革开放前的历史时期，也不能用改革开放前的历史时期否定改革开放后的历史时期)，科斯在书中也坦承如不对毛泽东时代的中国经济有一整体把握，也就无法理解此后改革年代的经济巨变，改革是对毛泽东未竟之业的再延续。既然如此，改革前留下哪些历史遗产？又是哪些因素阻碍了原定目标如期达成？邓小平开启经济改革需要克服什么缺点和局限？

先来看历史遗产。科斯首先认为毛泽东1949年10月1日在天安门城楼上的庄严宣告**标志着中国历史迈入新纪元，基本结束自清末民初以来国内政局混乱和各地军阀割据的局面，形成较为统一而强有力的中央政府**，"中国终于再次统一为一个主权独立的国家"[④]。对于大多数民众来说，近代以来屡遭外敌入侵的惨痛教训表明统一国家是为经济得以发展的重要政治保障，尔后才谈得上应该采取何种具体政策。其次，以毛泽东为首的中国共产党人在长征途中便已开始致力于意识形态本土化，并最终形成毛泽东思想这一马克思主义中国化的第一个重大理论成果，借此不仅使来自西方的马克思主义通俗化、平民化，易为普通民众所接受，而且在理论解释和实践指导这两个层面也逐步摆脱来自莫斯科的遥控指挥，而这本身就符合国家独立自主这一民族主义诉求。再者，新生共和国在短短几年时间内就恢复了因长期战乱而导致的社会失序和动荡不安，国家面貌大为改观，形成一整套自上而下的政令动员系统，整齐同心，有着极强的凝聚力。

---

① 克劳德·梅纳尔. 制度、契约与组织——从新制度经济学角度的透视[G]. 北京：经济科学出版社，2003：11.

② 罗纳德·哈里·科斯. 企业、市场与法律[G]. 上海：上海三联书店，2009：13.

③ 中共中央党史研究室. 正确看待改革开放前后两个历史时期——学习习近平总书记"两个不能否定"的重要论述[N]. 人民日报，2013-11-08.

④ 罗纳德·哈里·科斯，王宁，变革中国：市场经济的中国之路[M]. 北京：中信出版社，2013：6.

“一个经济体只有在国家采取适当的政策时才能有效运作”[①],而问题就在于改革前若干政策的推行未能将上述有利条件充分整合发挥,形成效力,反而成为妨碍中国经济发展的羁绊,科斯对此从多个不同侧面进行分析和探讨。

(1) 农村集体化、农民公社化和城市单位化使个人—集体之间本应具有的和谐均衡关系转为后者高高在上,前者彻底沦为集体这部机器运转所需的一枚螺丝钉,毫无生机、活力,缺乏激励和创新。根据学者研究,“集体化体制随着1949年中国共产党取得政权后的一系列社会改造工程日渐确立,并在80年代初期人民公社制度终结后渐趋瓦解”[②]。面对这样一个密闭空间,“战后在农村和城市涌现的个人企业和自由经济戛然而止”[③]。在生产队和公社体制下,广大农民实际上成为国家的雇佣工人,不仅是平日为赚取工分的劳动缺乏相应奖惩机制,劳动效率不高,互相推诿,个人道德水准普遍下降,而且监管者自身的权责界限也付之阙如。

(2) 新中国成立后所确立下的统购统销和户籍管理这两项制度,虽在一定时期内有助于政权稳定和平稳经济,但经长期发酵后所产生的后坐力直至今日都在影响每一个人,尤其导致城乡发展的极度不平衡和农民利益受损。[④] “城乡之间在经济文化方面的差别还很大,构成了以先进工业为基础的城市和以落后农业为基础的乡村二元并存的格局”[⑤]。“农业户口”与“非农业户口”成为横亘在农民与市民之间一道难以逾越的鸿沟,“中国变成一个准身份制社会”[⑥],传统社会下尚可自由流动的城乡格局被永久固化。农村发展和农民生活不仅无法和城市同步,也因国家为确保城市发展执行的倾斜性政策而进一步与城市拉开距离,两者很难有效沟通和联系。虽同处一国,但却生活在两个世界。

(3) 当时的知识分子政策一直无法协调执政党与广大知识分子之间的关系,这导致广大知识分子的应有才能无法在社会主义经济建设中充分发挥作用。一系列政治运动迫使知识分子离开原有工作岗位,脱离教学、科研和生产第一线,也不可能做好与更年轻一代的传帮带,人才代际延续出现严重断层。“这一自我毁灭性的政治行为既摧毁了中国文化的传承,又破坏了现代科学技术的发展。”[⑦]不仅如此,知识分子作为人而得以存在的基本尊严和精神价值也受到极大摧残,社会呈现整体性“反智主义”倾向。[⑧] 同一时期的西方国家正在进行以信息技术为特征的第三次工业革命,而科学知识和文化素养却在中国成为社会奚落对象,两者反差所带来的后遗症必须要到若干年

---

① 亚当·普沃斯基. 国家与市场:政治经济学入门[M]. 上海:格致出版社,2009:1.

② 行龙. 走向田野与社会[G]. 北京:生活·读书·新知三联书店,2007:163.

③ 罗纳德·哈里·科斯,王宁. 变革中国:市场经济的中国之路[M]. 北京:中信出版社,2013:10.

④ 据著名“三农问题”专家温铁军估算,1953—1978年的工农业产品价格剪刀差总额估计在6000～8000亿。参见温铁军. 中国农村基本经济制度研究[M]. 北京:中国经济出版社,2000:177.

⑤ 徐勇. 徐勇自选集[G]. 武汉:华中理工大学出版社,1999:51.

⑥ 金观涛,刘青峰. 开放中的变迁:再论中国社会超稳定结构[M]. 北京:法律出版社,2011:383.

⑦ 罗纳德·哈里·科斯,王宁. 变革中国:市场经济的中国之路[M]. 北京:中信出版社,2013:18.

⑧ 有关这一时期知识分子遭遇的最好记录来自巫宁坤教授自传体回忆《一滴泪》(台北:远景事业出版有限公司,2002)和澳籍华裔已故著名经济学家杨小凯先生的《牛鬼蛇神录》(香港:牛津大学出版社,1988)。

后的改革年代才能更为切身体会。[①] 知识分子悲苦际遇所反映的本质是其忠诚度仍不被相信，一张厚重的意识形态“铁幕”妨碍知识分子与主政者真正意义上“心连心”。而在当时，这类怀疑弥漫于整个国中，人们对此也习以为常。“对知识分子的不信任是一种普遍现象，不仅中下层干部，就是在最高层领导人眼里，也大都把知识分子看作‘异类’。”[②]

由于长期以来缺失具备独立思考能力的知识分子和批判性新闻媒体，中央与地方之间的上情下达往往迟滞于实际动态，两者因此很难形成联动优势，各级领导人在这样一种较为封闭的环境下也就常会因为信息不对称以及欠缺外界监督而造成决策失误。这种体制得以形成，科斯将它和毛泽东本人头脑中最为熟稔的战时经验及其根深蒂固的阶级斗争惯性相联系。在其笔下，为了摆脱苏联模式的桎梏而找到一条独具自身特色的发展之路，毛泽东根据战争时期革命根据地的发展经验认为各地区之间并不需要横向经济联系，完全可以以公社作为单元而实现自给自足，也就更不需要市场调节，只需遵照指令性计划严格执行即可。这一有关中国社会经济问题根源及其出路的分析被运用于 20 世纪 50 年代末的地方分权试验后的结果却是以失败而告终。很明显，“致命的自负”加上否认经济发展中潜藏的不确定性致使整个“乌托邦社会工程”[③]终究也只是美好的纸上蓝图，中国经济陷入“一抓就死、一放就乱”的循环怪圈。

改革前的历史遗产需要继承，但同时也存在非常明显的缺陷，而这些正是此后改革时期需要着力克服之处。一方面，政府与市场之间的边界不清，权责混乱，前者所做计划取代市场成为唯一的指挥棒，大包大揽，社会公共空间被严重挤压，政府本来应具备的公共服务职能在此整全性架构下反倒显得势微而不足；另一方面，经济发展在意识形态指导下的标准化作业和生产生活实际之间找到平衡点，决策时需更多参考实际运作情形，毕竟制定政策的最终目的是要将其施行于实践中，这也就要求决策者务必要“接地气”，重视实际经验，认清不足，承认人的认识能力有限性，以此最大限度降低经济运行中由于不确定性而带来的损失。另外，不论是经济发展还是其他领域，良好的制度安排和体系设计都乃势所必须，应让经济发展建立在铺好的制度轨道基础之上，实现其可控性。犹如傅高义所言：“作为最高领导人，邓小平并不认为自己的任务是提出新思想，他认为自己要负责的是设计和建立新体制这一颠覆性的过程。”[④]

综合上述，新中国成立后的国民经济运转从全盘学习苏联样板到探索自主之路这一大方向无疑是正确的，东西方历史经验都表明任何国家的经济建设都必须根据本国国情斟酌而行，但在此转变过程中所采用的手段却不仅粗糙，而且带有鲜明的强制性，如反市场化、剥夺居民迁移权、垄断媒体、反智主义和一切以政治至上为标准的价值评判尺度，后果则是“中国却一步步深陷计划经济和激进意识形态的泥沼而不能自

① 邓小平 1977 年在以“尊重知识 尊重人才”为题的专门性讲话中痛心疾首道：“同发达国家相比，我们的科学技术和教育整整落后了二十年。”参见邓小平．邓小平文选[G]．北京：人民出版社，1983：40.

② 沈志华．处在十字路口的选择：1956—1957 年的中国[M]．广州：广东人民出版社，2013：11.

③ 卡尔·波普．开放社会及其敌人[M]．北京：中国社会科学出版社，1999：16.

④ 傅高义．邓小平时代[M]．香港：中文大学出版社，2012：12.

拔”[①]。历史反差更加凸显顾准写于1956年中央党校学习期间的《关于社会主义经济中价值及价值规律的问题——一个读书札记》这篇长文的学术价值,而顾准在此文中进行的先驱性理论探索直到20多年后才被后人发现和理解,难道不令人感到吊诡吗?[②]

五、历史主义情境下的国家—市场二重奏

明了上述背景后再来看《变革中国》,科斯在书中所论述的中心议题即是制度如何在国家一统天下的全盘性控制逐步走入人们视野,而市场与此同时又是怎样被人们所接受。在这一涵盖硬币正反两面的辩证过程中,制度恰恰成为那个使国家—市场这两者间能够顺畅推演的证明要件,历史主义则是科斯论说的语境基础和出发点——60多年来的成就、失误都必须被置于当时的历史环境下去思考和反省,而非以后见之明批判事前决策。

因此,当人们在谈论“中国模式”、“中国奇迹”或“北京共识”之时,笔者更为关注的是:一个已经实行计划经济长达20多年的巨大经济体是怎样一步步、极为艰难地向市场经济转型?市场观念及其相关制度又是如何被人们逐渐接受并被奉为圭臬和指针?还要关注国家在市场转型中的自身再造和功能建设,这事涉政府的职责担纲及其与市场之间所形成的双向互动。

(一)模糊策略取代形而上争辩

少有人在“文革”结束之初能够精准预测中国未来的前进道路,虽然彼时身居香港的著名经济学家张五常坚信中国必将走向市场经济。[③] 即便如此,渴望变革、突破现状的强烈呼声正在全国形成一股改革氛围,生活普遍贫困的残酷现实迫使人们必须改弦更张、重新上路。[④]

前文已经交代意识形态教义和政治正确在改革前的社会生活中占据主导地位,而这两者在改革初期也最先开始松动。以《实践是检验真理的唯一标准》为引线而展开的一场全国性大讨论促使每一个人思考到底什么才是真正推进实践的主要动因。

邓小平本人的行事作风和执政风格也是中国主动贴近市场经济的重要推力。邓小平坦率、务实,自信、果断、刚毅、冷静,而且在党内具有很高威信,其稳步渐进的思想

---

① 罗纳德·哈里·科斯,王宁. 变革中国:市场经济的中国之路[M]. 北京:中信出版社,2013:10.

② 在文章开篇,顾准即写下“在社会主义国家,为要高速地发展国民经济,提高劳动生产力,最大限度地满足人民日益增长的物质文化的需要,充分利用价值规律是重要办法之一”。参见顾准. 顾准经济文选[G]. 北京:中国时代经济出版社,2011:55.

③ 张五常. 中国的前途[M]. 台北:远流视野股份有限公司,1989.

④ 改革开放初期,我国仍有1.5亿以上的农民连温饱问题都没有解决,最困难的有200多个县。以致1977年刚上任的安徽省委书记万里在实地调研走访时看到农民家中床上依然铺着破芦苇、身上穿着烂棉絮,家徒四壁者大有人在。参见陈桂棣,春桃. 小岗村的故事[M]. 北京:华文出版社,2009:6-7.

特征使他大大有别于毛泽东。"不争论"①、"不论黑猫白猫，抓到老鼠就是好猫"和"摸着石头过河"已经成为邓氏政治性格的标志性诠释。② 有国外学者就认为邓小平是一位具有儒家特征的领导人，属于合作和实用型。基辛格亦认为，邓小平有"直截了当的风格"，"不喜欢空谈，非常讲求实际"③。费正清也指出邓小平执政后推行"逐步务实的改革"，虽然这些改革在诸多方面并不彻底，如"需要限制中国现代化中的美国化成分"④，但这些已经"使国外对中国持续发展前景产生乐观"⑤。

以模糊策略看待事物发展必然厌恶"文革"时期大字报式的形而上论辩，与其将时间浪费于无谓之争，不如实干兴邦，在实践中摸索乃至冒险。邓小平面对各方争论不休后所提的"不争论"，于今来看虽有模糊之嫌，但正是此一策略解构了原先的形而上权威，极大松绑了人们头脑中的思想束缚，为全面经济改革营造踏实而奋进的良好舆论环境。

（二）从边缘向中心推进市场开放

著名历史学家余英时先生曾经论及近代以来知识分子在政治和文化领域一直从中心走向边缘呈下行趋势，而中国革命的胜利却是走一条从边缘向中心逆势而进的道路（如农村包围城市）。⑥ 或许是历史巧合，中国改革大幕的拉开同样也是从边缘向中心稳步推进。农村改革始于安徽凤阳小岗村，城市开放则是在深圳打响头炮，两地不论在历史上还是新中国成立后都属经济落后地区，甚至有些许化外之地的色彩，但也正是这些边陲之地引发的变革带动此后更大规模的改革和开放。

小岗村农民冒着生命危险的"十八颗手印"，为家庭联产承包责任制在全国一盘棋中打开缺口立下首功。农民从此告别"一大二公"体制下的大锅饭，交够国家，留够集体的，剩下都是自己的，"成了自己进行家庭经营式农业生产的剩余所有者"⑦。获得自由的农民不再仅仅满足于从土地中刨食，原先已有的社队企业在新时代下竟然出乎意料地转变为极具活力的乡镇企业。更没有想到的是，发展乡镇企业使中国农村的工业化过程得以实现，其对促进农村人口就业、致富以及国家财政收入增长都有不可小觑的贡献。⑧ 从深圳开启的城市开放，在短时间内使这个原先的南方小镇一跃成为中国改革年代的桥头堡，其所开创的"深圳速度"、"深圳经验"也促使中国政府随后展开

---

① 原话为："不搞争论，是我的一个发明。不争论，是为了争取时间干。一争论就复杂了，把时间都争掉了，什么也干不成。不争论，大胆地试，大胆地闯。"参见邓小平．邓小平文选[G]．北京：人民出版社，1995．

② 与此类似的还有陈云"不唯上、不唯书、只唯实"。

③ 基辛格．论中国[M]．北京：中信出版社，2012：180．

④ John K Faibank. China Watch[M]. Cambridge：Harvard University Press，1987：201.

⑤ David M，Lampton，The Three Faces of Chinese Power：Might，Money and Minds[M]. Berkeley：University of California Press，2008：3.

⑥ 余英时．中国文化的重建[M]．北京：中信出版社，2011：37、40．

⑦ 黄季焜．制度变迁和可持续发展：30年中国农业与农村[M]．上海：格致出版社，2008：56．

⑧ 1984年年底，乡镇企业数已达606．52万个，就业人数5208．11万人，比上年增加1973.47万人（涨幅高达61%）；总产值为5068亿元，较之上年增加1709．89亿元（增长68．2%）。参见当代中国研究所．中华人民共和国史稿[M]．北京：当代中国出版社，2012：147．

更大程度的城市开放。“时间就是金钱,效率就是生命”这句在此之前被认为是带有赤裸裸资本主义气味的用语“摇身一变”成为引领中国经济发展的时代强音和形象刻画。

在市场从边缘向中心开放的过程中,中国政府一直强调社会有序和政治稳定的重要性。在他们的设想中,中国走向市场经济的目标非常确定,但其过程必须是一步一个脚印式的渐进趋动。科斯也坦言,“制度变迁实际上是一个渐进而又危险的过程,充满了不确定性”①,中国这样一个如此庞大的国家转身就更是艰难,而渐进改革“首先能够充分利用已有的组织资源,保持制度创新过程中制度的相对稳定和有效衔接”,“可以避免大的社会动荡和资源的浪费”②。由此不难发现,中央政府在改革过程中利用这种“累积性的边际演进的转换模式”,达成以市场配置资源为目标的价格改革,推动以 FDI 诱导(外商直接投资)和出口导向相结合的“双引擎开放战略”③,最大限度地确保改革的方向性和目的性。与此对应,地方政府的“泛利性特征”也使其表现得像企业家一样,更关注长远利益,能够有效抵御来自利益集团的压力以及从国家整体利益出发制定政策。④

(三)重新界定产权之路

对中国政府来说,不仅要为市场经济的建立提供外在条件支持,还在于建立一套符合市场经济规律、用于实践中行之有效的制度体系。

著名发展经济学家张培刚在 20 世纪 40 年代的哈佛博士论文中指出,制度既可以是经济增长的发动因素,也可以成为经济增长的限制因素。在新制度经济学看来,制度实际上是一定社会关系的直接表现形式和能够约束人们行为的一系列规则,内中包含经济规则、社会规则和政治规则。⑤ 舒尔茨从经济功能角度认为,制度含有降低交易费用、影响要素所有者之间配置风险、用于提供职能组织与个人收入流的联系、用于确立公共品和服务的生产与分配框架这四大功能。⑥ 诺思则从历史演变角度认为“制度提供人类在其中相互相互影响的框架,使协作和竞争的关系得以确立,从而构成一个社会特别是构成了一种经济关系”⑦。不论对于制度的定义和体认有何不同,产权作为一个制度体系下的关键要素以及界定产权之于经济发展的重要性,不仅得到新制度经济学家的肯定,而且也是中国经济改革见诸成效的幕后功臣。

产权观念及其相应制度在改革之前并不存在,“废资灭私”成为那时上至国家意识形态下迄小民百姓日常思维的主导,政企不分、政社不分、国家与个人之间也不存在权

① 罗纳德·哈里·科斯,王宁. 变革中国:市场经济的中国之路[M]. 北京:中信出版社,2013:78.

② 林毅夫,蔡昉,李周. 中国的奇迹:发展战略与经济改革[M]. 上海:格致出版社,2012:272-272.

③ 刘霞辉,张平,张晓晶. 改革年代的经济增长与结构变迁[M]. 上海:格致出版社,2008:123,149.

④ 姚洋. 作为制度创新过程的经济改革[M]. 上海:格致出版社,2008:7.

⑤ 张培刚. 农业与工业化[M]. 武汉:华中科技大学出版社,2009:126.

⑥ R. 科斯,A. 阿尔钦,D. 诺斯. 财产权利与制度变迁——产权学派与新制度学派译文集[G]. 上海:上海三联书店,1994:166.

⑦ 道格拉斯·C. 诺思. 经济史上的结构与变革[M]. 北京:商务印书馆,1992:195.

利与义务的边界，国家权力侵入民众私人领地。中央政府以大包大揽式的中央计划操盘全国经济，公有制形式上已经“一统天下”，但其结果却没能达到预期，反倒造成经济效率的极端低下，物资短缺、口粮紧张，不少工人和农民以消极怠工形式默默表达不满。理想与现实之间的巨大落差主要就因为时人还未充分意识到自上而下式的中央计划虽然有更为强劲的组织动员能力，但这却是以高昂的组织成本和交易费用为代价换来，而产权的直接作用就是用来降低交易费用和组织成本，其关键便是让市场能够充分发挥调节功能。

根据阿尔钦的解释，“产权是一个社会所强制实施的选择一种经济品的使用的权利”，而“私有产权则是将这种权利分配给一个特定的人，她可以同附着在其他物品上的类似权利相类似”①。产权界定的本质就是对“诸项权利中国家、集体和个人的边界和责任进行界定，为产权交易和降低交易成本创造条件”②。科斯也认为产权和市场竞争是解决利益冲突的途径。

改革后中国的产权界定之路经历了四个阶段，最先是从深化公有制责任主体开始，通过合约形式重新界定至个人，经由一个承包合约，明确承包者的权利和义务，扩大经济自由，重建私人产权，农业承包、工商业承包都是这方面的例子。权利主体确定之后，承包者的使用权再次演变为转让权，以价格机制将所承包商品送入市场，让市场成为资源配置的主杠杆，而价格机制（买者与卖者共商估价）本身其实也是权利之间的平衡、妥协和交换。在前两者基础上，重新承认生产资料的私人使用权，使民众最终成为市场经济中自负盈亏的利益主体。走完前三步，创建符合市场经济运作规程的现代企业制度也就被摆上议事日程，企业则是形成资本市场的基础。

产权界定并非一蹴而就，也不是自然而然形成，它的健全和完善需要国家对其给予保护，毕竟产权界定是稀缺资源的制度性安排，必须要有国家强制力介入，“国家保护有效率的产权制度是长期经济增长的关键”③。提及至此，就不得不探讨国家的性质认定和政府功能定位这两个问题，这关系国家是否有足够能力保护产权界定后的成果，即下文所要说明的“国家建构”。

（四）制度形成过程中的“国家建构”

制度并非自然生成，国家能力的强弱也不是一开始时就已高低互见，制度的形成需要国家给予保护，而保护力度的大小和方式运用则取决于国家能力，后者由低至高提升的过程也就是这里所说的“国家建构”（或曰“国家再造”）。中国改革前后经历了两次追求不同目标的“国家建构”，一次是将工作重心转至以经济建设为中心，而后一次则是从以经济建设为中心转到以制度建设为中心的第二次转型。④ 两次建构的本

---

① R. 科斯，A. 阿尔钦，D. 诺斯. 财产权利与制度变迁——产权学派与新制度学派译文集[G]. 上海：上海三联书店，1994：166.

② 蔡昉，王德文，都阳. 中国农村改革与变迁：30年历程和经验分析[M]. 上海：格致出版社，2008：64.

③ 周其仁. 产权与制度变迁：中国改革的经验研究[M]. 北京：北京大学出版社，2004：1.

④ 胡鞍钢，王绍光，周建明. 第二次转型：国家制度建设[M]. 北京：清华大学出版社，2009：5.

质其实都反映了国家与市场这对矛盾在改革中的互动以及人们对国家性质的深入体认。

在传统的国家—市场博弈格局中,国家处于消极境地,而市场则负有巨大能量能够让整个经济秩序和社会体系运转良好。即使在一些公共服务部门,国家也被定位于"守夜人"这一最小干预角色。20 世纪 80 年代末 90 年代初的苏东转轨即是以此"市场原教旨主义"为基础,而它们在转型过程中纷纷涌现的各类社会问题也使人们充分意识到国家的作用以及需要克服诸如"新自由主义"①和"不假思索的对市场的神秘崇拜"②。单一的市场和国家并不存在,两者本质上都是特定组织形式,并无善恶之分。不论是成熟的市场经济国家还是后起之秀,市场经济的发育都需要国家为其保驾护航。市场经济其实也是一种公共物品,"市场并不是目的本身,它只是促进社会和个人福利的手段"③。问题并不在于国家是否需要干预,关键是国家干预的力道和手段。国家可以也应当有所作为,理念拐弯涉及国家的公共权威(Public Authority)来源问题。

传统马克思主义认为国家是阶级矛盾不可调和的产物,其公共权威来自以军队和警察为后盾的国家暴力工具。如恩格斯在《家庭、私有制和国家起源》中所说:"国家是承认:这个社会陷入了不可解决的自我矛盾,分裂为不可调和的对立面而又无力摆脱这些对立面。而为了使这些对立面,这些经济利益互相冲突的阶级,不致在无谓的斗争中把自己和社会消灭,就需要有一种表面上凌驾于社会之上的力量,这种力量应当缓和冲突,把冲突保持在'秩序'的范围以内;这种从社会中产生但又自居于社会之上并且日益同社会相异化的力量,就是国家。④"列宁也同样认为:"国家是阶级矛盾不可调和的产物和表现。在阶级矛盾客观上不能调和的地方、时候和条件下,便产生国家。反过来说,国家的存在证明阶级矛盾不可调和。⑤"

从学理层面看,近代意义上的公共权威是指公共机构处理公共事物的权力。国家拥有代表权威的政府,并以政府的形式代表公共利益行事。⑥ 正如有学者指出:"国家正是以社会公共权威为基础进行维持和运作,其公共权威具有公共性和强制性的双重特征。⑦"国家公共权威的公共性具体通过政府面向社会大众所提供的各类服务来体现,这也是国家与民众除了兵役和纳税之外的第三种联系方式,而公共服务的多寡和品质则成为民众评价政府施政的重要标尺。回顾改革前后国家与民众之间的互动效

① Adam Przeworski. The Neoliberal Fallacy[J]. Journal of Democracy, 1992(3): 45-59.

② Janos Kornai. The Postsocialist Transition and the State: Reflection in the Light of Hungarian Fiscal Problem[J]. The American Economic Review, 1992(2): 1-21.

③ 胡鞍钢,王绍光. 政府与市场[G]. 北京:中国计划出版社,2000:49.

④ 恩格斯. 家庭、私有制与国家起源[G]//中共中央马恩列斯著作编译局. 马克思恩格斯选集. 北京:人民出版社,1995:170.

⑤ 列宁. 国家与革命[G]//中共中央马恩列斯著作编译局. 列宁全集. 北京:人民出版社,1995:6.

⑥ 赵丽江. 政治学[M]. 武汉:武汉大学出版社,2008:38.

⑦ 余永和. 英国安茹王朝议会研究[M]. 北京:中国社会科学出版社,2011:48.

果可知，国家在改革前对社会经济生活的干预力度其实远超改革后，但这一时期的干预在范围和方式上都有欠“现代”。改革后的国家干预着重于自身汲取能力建设，之前的无所不管、过度干预转变为优先领域和适度干预，在公共服务领域从缺少干预到加强干预。

有效的政府干预是为私人活动创造一个对其有利的环境，政府应集中于它能做并且能做好的事情之上。这样一个“国家建构”过程一定程度上也是中国从计划经济向市场经济转轨之客观形势“倒逼”的结果。国家公共权威来源的日益包容、多元和政府职能与民众生活更为紧密接轨，从另一个侧面也促进执政党执政理念的自我更新和完善，“推进国家治理体系和治理能力现代化”这一受到广泛热议的“第五个现代化”概念的提出就是最为显著的例证。

六、结论性说明与省思

与马丁·雅克式“当中国统治世界”[①]的高调赞颂不同，科斯在《变革中国》中的笔调是乐观中带有几分理性和谨慎，这或许是他的英伦脾性使然。中国改革历程证明新制度经济学的理论阐发与生活实际密切相关，一位百岁老翁将其一生智慧凝结在这本分析中国经济改革的巨著中，这难道不是华夏之福吗？先来看看科斯书中那充满睿智的讲述，而后将从三个角度说明。

“中国在过去30年的市场转型历程中所取得的辉煌经济成就，让中国领导人和普通大众对市场经济的信心陡增。但必须谨记，市场之所以存在的最终原因是人性的弱点。”

“中国的关键优势来自她所拥有的13亿进取、努力、不屈不挠的人民。”

“但现在的劳动力市场上依旧存在诸多障碍，尤其是户籍制度和农民工面临的各种体制壁垒。”

“创业者们依旧要面对许多偏见和厄境。目前，他们面临的最大威胁依旧来自政府垄断。”“真正令人担忧的并非国家所有制本身，而是那似是而非的假设，总认为与私营企业相比，国有企业能更好地为社会服务。”

“当中国市场化转型催生了蓬勃发展的商品与服务市场，并让中国成为全球生产领域的领头羊时，却没有为思想创造一个活跃市场。[②]”

一种理论的生命力大小不仅在于其内部结构逻辑之严谨与通透，而且还要能以最为简明的方式告诉人们如何运用于实践。就此而言，科斯那简洁易懂、发人深省的制度和产权观念，以其作用于中国改革后所产生的强大影响力而被世人所称颂。毕竟，“中国是以条件上好坏参半的异常组合进入现代世界的，这些条件反映在其现代发展

① 马丁·雅克. 当中国统治世界：中国的崛起和西方世界的衰弱[M]. 北京：中信出版社，2010：287.

② 罗纳德·哈里·科斯，王宁. 变革中国：市场经济的中国之路[M]. 北京：中信出版社，2013：202，239，250.

水平的方式上”[①],而制度创建和产权界定则使各生产要素之间得到优化组合,成就今日令人瞩目的经济奇迹。科斯经济学无疑具有很强的解释力。

可以说,科斯的研究为“当代中国研究”别开生面,开启了一条新的研究路径——手持新制度经济学之杖进入中国研究领域,以新制度经济学的分析方法结合历史经验与实际进程,免于纯数学推演所极易导致的脱离实况式“黑板经济学”之尴尬境地。科斯的思考路径并非凭空而来,斯密、马克思、韦伯、桑巴特、熊彼特都属这一学术传统的先驱者,极其类同于韦伯晚年所致力构建的“社会经济学”(其同名著作即为《经济与社会》),目的在于打通经济与社会之间的复杂关联。这也昭示当下中国的经济学家:经济学始终是人学而非数学,后者只是工具和手段,前者才是核心。其研究对象主要是人的行为(即米瑟斯所说的“行为科学”),切忌本末倒置,而中国正在经历的这场经济改革和社会转型恰好为经济学家提供了广阔的用武之地,这也是中国经济学家有可能做出世界性贡献的难得契机。在此方面,杨小凯晚年对中国改革和中西方历史比较所做的思考就已有某种“社会经济学”的因子在内,从经济学出发,但又进入“社会经济学”或“政治社会学”的范畴,极具思想力度,《为什么工业革命在英国而不是在西班牙发生》、《从信息经济学的角度看土地改革》等文和在北京天则经济研究所题为“后发劣势”的专题演讲都是如此。[②]

就此拓展至人类发展史,能与中国改革成就相媲美的也只有 18～19 世纪的西欧工业革命,19 世纪的美国崛起,“二战”后德国与日本的经济振兴。[③] 站在全球发展这一更高点上俯瞰,借鉴新制度经济学并结合本国实际的中国改革的确具备世界意义。科斯毫不吝啬其溢美之辞,“中式市场经济的崛起为其他文化与历史有别于西方社会的国家树立了一个鲜明的榜样。中国通过打破西方社会对市场经济的垄断,促进了市场经济的全球化,并通过拓宽市场经济的文化背景与多样性,加强了全球市场秩序”[④]。这也表明科斯的中国研究对于全球其他地区的转轨国家来说有其重要个案价值。

自 1840 年以来的中国现代化进程,先后历经器物模仿——制度革新——文化再造这三个层面的相继嬗递,而 30 多年中国改革能够取得如此辉煌成就的一个关键,便是市场经济这一制度体系从无到有并进而完善。如果说改革前的主要贡献在于奠定一个物质大框架,改革后则是致力于通过建立制度、奠定游戏规则提升中国现代化的整体层次和水准。科斯上述对阻碍中国市场经济发展桎梏的分析似乎在告诫人们,中

① 吉尔伯特·罗兹曼. 中国的现代化[M]. 上海:上海人民出版社,1989:677.

② 杨小凯逝世前几年就中国经济改革发表了许多有针对性的评论,如关于产权制度改革、国企改革等问题。其于 1999 年与人合写的《经济改革与宪政转轨》一文气势恢宏,逻辑严密。文中认为“如果不认识到经济改革仅仅是大规模宪政转轨的一小部分的话,对改革绩效的评估可能误入歧途”。杨氏的这一论断与科斯书中对于中国经济改革所存在问题及其未来应有突破方向的论述在精神上实有共通之处,杨也是为数不多的能够在中西历史比较发展基础上运用现代经济学方法交互探讨经济发展与政治改革二者关系的华人经济学家。参见詹姆斯·布坎南,林毅夫. 站在经济学的高坡上:杨小凯纪念文集[G]. 北京:中信出版社,2009:54.

③ 陆德明. 现代世界体系中的中国发展[M]. 上海:格致出版社,2008:1.

④ 罗纳德·哈里·科斯,王宁. 变革中国:市场经济的中国之路[M]. 北京:中信出版社,2013:237.

国现代化进程仍在路上，如何平衡各个不同群体之间的利益落差，实际增进人民幸福水平也将继续考验每一刻都处于变动状态的现实中国。

A Historical Interpretation of Ronald Coase's "Change in China"

Wu Qiang

Abstract: As a world famous economist, Coase not only received the Nobel Prize in Economics in 1991 for his outstanding contribution to the field of new institutional economics, property rights, economics, law and economics, and so forth, but he has also, with the help of his assistants, focused on China's long-term development process, in addition to generously funding international conferences, and conducting detailed research about China since 1949, especially the economic transition and social transition after the reform and opening up, about the specific outcomes of the "Change in China." This has been the essence of Coase's academic research in his later years. Based on a historical perspective, Coase has put forward a rational explanation of China's market economic reforms, covering property rights and transaction costs based on several new analytical economic concepts and conceptual frameworks.

Key Words: "Change in China"; New Institutional Economics; Historicism; Property; Institution; Nation; Market

书　评

西方文明的容器
——《西方文明的文化基因》书评①

魏　伟*

北京：生活·读书·新知三联书店，2014，526 页，65 元，
ISBN：9787108045324

拜读梁鹤年先生的大作《西方文明的文化基因》②，手不释卷一年有余；书稿博大精深，深入浅出，笔触纵横几千年，思想涉猎哲学、宗教、历史、文化、社会、政治、经济，并以极为精炼的六个字“唯一、真”、“人、个人”，高度概括西方文明的文化基因。没有几十年如一日的孜孜不倦和上下求索，没有学贯东西的渊博知识和细致入微的长期观察，不可能完成这样一部深刻而磅礴的著作。

综观本书，我认为其用意在于“以水为法，以史为体，以西喻东”。西方文明的容器中，装有其水质基因，水有恒质而无定形，水无色而溶百色。随着西方历史演变，材料、质地、形状包裹着水基因不断生变，溶于水的色彩虽原色清晰，但经历数次调和后越发难以识别；在历史进程中看清楚容器的形、材、质，提取水的特性基因，分析溶入水的各种原色，并放在当下中国文化急需明晰方向的关键时刻进行反思，就成为本书的出发点和归宿。同时，本书的写法在于“以动寻静，以旧析新，以简收繁”。历史是动态的，是以时间的流动和空间的变化为衡量。但文明的“目标、方向、指南针”这几项基本内涵，在西方文化中却有“静”、“旧”、“简”的隐含特质——相对于此起彼伏的“动”态历史，层出不穷的“新”鲜思维，争论不休的“烦”琐意识，本书即是在这种“对立”关系中寻求可以辨得明、说得清的文化基因，收放自如，深入浅出。

本书的初衷是源于对东西方文化差异的感悟。对事物的认知，西方偏重“清晰”，而中国偏重“全面”，隐含的是西方对“真”的坚持和中国对“关系”的把握。这种直观差别的背后，是文明内涵的差异所导致的文化基因的差异。西方在近现代走上全球霸权道路，并使中国一度深受落后的切肤之痛，东西方文明的对话进入一种不对等的高低姿态格局之下，“洋为中用”长久以来一直作为中国复兴的主要手段：从 19 世纪下半

---

① 本文在撰写过程中得到梁鹤年先生的悉心指导，在此感谢！

* 魏伟，武汉大学城市设计学院城市规划系，副教授，加拿大女王大学访问学者。

② 梁鹤年. 西方文明的文化基因. 北京：生活·读书·新知三联书店，2014：526.

叶开始的体制探索、科技引入,到近现代“科学、民主”的普世推广,直至当今社会的消费经济主导和资本全球化,我们均是在被动或主动中融入“世界大势”之中。“洋为中用”成为近现代中国文明最重要的一个改良途径。“先进”思想经西方包装和东方演绎后,在中国生根发芽,与传统文化糅合混杂,构成当今中国文明的混合体。21世纪的中国站在了世界潮流的前端,却发现我们的文明有些模糊了,华夏传统屡遭切割,西化思想难以制衡,“洋为中用”走到了需要重新审视和痛定思痛的路口。在这个历史关键时期,我们首先要看清“洋为洋用”的过程及结果,这对中国的启示远比“拿来主义”重要得多。置身于西方文明的历程,梳理其历史脉络,观察其外在特征,体验其内在本质,才有可能辨明西方文明现象与本质之间的关系,即西方对宇宙、对个人、对社会的理解和阐述!这同样也是包括中国文明在内的所有文明自省的途径。“洋为中用”和“洋为洋用”是一个问题的两个方面,缺一不可,这也很符合“辩证”看问题的角度;正如人类一直知道自身的“有限”性,诸如生命、视野、理解力等,但对“有限”的认知一定可以推理到对“无限”和“永恒”的渴望,可我们永远无法知晓“无限”和“永恒”的意义和边界,所以才有了时间对永恒的模仿,空间对无限的模仿,也才有了庄子对“吾生也有涯,而知也无涯,以有涯随无涯,殆已”的领悟。

那就只能一步一步来,先看看“洋为洋用”是怎么一回事。看清楚西方文明的“所以然”,同时也要梳理自己的家底,衡量有没有“中(传统)为中(现实)用”的途径,也要认真思考“洋为中用”的生根土壤和嫁接代价,才有可能做到过滤和汲取。中国文明的未来是“大国梦”,正如书中为中国的大国梦提出了“不同”而“不争”的文化立场,以及“伟大”而非“强大”的国运选择。同时,清晰而完整中国文明是否也可以视为人类文明走向的另一种可能性?毕竟,现代西方文明也已举步维艰——信仰与理性在文明坐标系中失去了原点位置,时间的方向已模糊不清,空间的维度已聚于高度物质化,自由功利主导下的消费文明和金融资本不断压缩西方文明的广度和深度。只是,作为一种有着悠久历史禀赋的华夏传统文明,在势不可挡的全球化大势中,我们可能还处于正在看清楚别人、认清楚自己的观察阶段吧。

本文用一个容器(可以称为“瓶”)形容西方文明的架构,谈谈我对《西方文明的文化基因》著作的解读,和对西方文明的理解:“体”,即瓶的轮廓,大小;“形”,即瓶的外观,收放序列以及圈层叠加;“面”,即瓶的表面,彩釉之下亦有龟裂纹路;“水”,即瓶中的水质,直视不到却是容器存在的本质意义。

一、体:地理西方,文化西方

本书在描述“西方”这个对象时,我理解为在地理上的文化变迁,在文化中的地理生根。从地理概念看,“现代前”[①]的西方以欧陆为主,现代西方则历经西、法、英霸权,直

① 《西方文明的文化基因》著作以16世纪的宗教改革作为西方“现代前”(公元前4世纪~15世纪)和现代(16世纪至今)的分水岭,提出了产生于“现代前”、根植于希腊理性、罗马秩序和基督太平的“唯一真”文化基因,和产生于现代、根植于理性主义、经验主义的“个人,人人”文化基因,两组文化基因共同影响现代西方文明的内涵。

至延伸彼岸交接到美国。“西方”这个地理概念在西方的文明历程中，几度均以一种理想中的“太平国度”所体现，从罗马帝国代表统一与秩序的“PaxRomana”，到中古欧洲以基督信仰为基础的“Pax Christi”，再到19世纪英国贸易帝国的“PaxBritanica”，当今西方亦有金融资本主导下的“PaxAmericana”，这条脉络描述的是西方文明演化的一条地理粗线：希腊理性与基督信仰在“罗马太平”的“示范”下，结合并开创“基督太平”；英式经验主义在洛克的政治权宜、牛顿的科学范式、斯密的经济理论、达尔文的天演原则支撑下，终以贸易扩张建立“大英太平”；商业资本和消费文化推动下的自由与功利，使得美式功利文明走向全球化。

从文化概念看，书中所述的西方文明是一个“多元合一、一生多变、变由基因”的过程，并在欧陆的多个地理节点中生根开花。西方文明起源于希伯来信仰和希腊理性，即“两希文明”，在罗马帝国的统一与秩序下，基督信仰得以传播和提纯，并在中世纪的兵戈战乱和民族融合下维系了文明香火，“唯一真理（神）”沉淀为西方文明的基因；然而，14世纪的天灾人祸、15世纪的世界巨变，终引出欧洲大抽搐和宗教改革。西班牙的道统维护、法国的理性主义、英国的经验主义，将“人、人人”基因发掘出来，并催生家族、民族、国家、宪政、民主、自由、人权等一系列现代西方文明的要素。“盎格鲁—撒克逊”式的文化在无形资本巨手的推动下，在英美霸权下，腐蚀“欧美上空的幽灵”共产主义，击败意、德极端的国家主义，吸纳弥漫欧洲的存在主义，最终走上自由主义世界和全球化资本道路。

二、形：收放序列，年轮周期

本书将西方文明的演化总结为“源头、物竞、天择”和“适者生存”四个基本阶段，虽以历史时期为基本依据，但实则是在阐述文明的收放序列：一统——分裂——再一统——再分裂？并隐含文明演化的周期年轮。西方文明的“源头”归于基督信仰和希腊理性的两度结合，4世纪被誉为“中古第一人，古典最后一人”的奥古斯丁（354—430），以基督教义过滤柏拉图（前427—前347）的理性思想，建立了静态、悲观、求稳的欧洲文化传统，使罗马帝国盛世之后的中世纪欧洲又进入“基督太平”下的文化一统局面。13世纪再经“现代第一人，中古最后一人”的阿奎那（1225—1274），重拾湮没千年的亚里士多德（前384—前322）理性思想，以动态、乐观、求变的姿态期望建立更加牢固的文明构架——理性与信仰、政治与宗教、人与神之间的关系均完美定位，西方文明似乎已可以收官定型。但久积的教会腐败和14世纪的饥荒与瘟疫，以及15世纪的英法百年战争结束、君士坦丁堡失陷、活字刊印圣经等大事件，使本来趋于收归一统的西方文明体系开始破裂；始于1517年的宗教改革虽没有彻底击破教会，但基督宗教已分化为多支力量并互视为异己，宗教与政治纠缠不清，欧洲文化以开放式的混乱局面，迷茫而兴奋地步入现代进程。理性主义和经验主义根植于法、英不同的土壤，却都在用“人”的意义发掘重新定义西方文明的框架；于是，在对平等和自由的无限追逐下，在观察的主观性和经验的不确定性下，西方思想变得愈加多元而无形。随着英美霸权的持续,功利文明走向全球化并不断战胜对手,西方文明又似走向一统;但现代的"一统"与"现代前"的"一统",对宇宙观、伦理观、社会观的理解早已大相径庭,甚至走到了反面。

书中对近现代大国的"兴衰周期"也做了非常精彩而"定量化"的总结,西、法、英、美四个现代全球霸权国家,都经历了"起、承、转、衰"四个阶段,4 代人,每一代 30 年左右,总共 130 年左右的兴衰周期。其实,窥看书中对文明的历史解析,也可以大概梳理出一个粗略的"文明年轮周期"。

1～8 世纪:1 世纪罗马帝国的建立和基督信仰的广泛传播,正式拉开了欧洲一统的大幕。罗马帝国的盛世中既有希腊理性的延续,也有秩序与统一的保障,西方文明有了成形的容器。基督信仰是欧洲文明早期进程的关键因素,原属犹太人的《旧约圣经》,在基督降临后续写《新约圣经》;元世纪时基督信仰已经开始在庞大的罗马帝国底层扩散,虽屡遭压迫,但终在 4 世纪被帝国认可并定为国教;奥古斯丁挽救教会、吸纳罗马秩序,并成功过滤吸收了希腊柏拉图理性,奠定了西方人正统的人生观;西罗马帝国虽遭灭亡,但教会成为西欧文明香火的传承者。这一阶段是西方文明糅合成形的过程。

8～16 世纪:8 世纪的标志性事件是查理曼大帝加冕,政教进入一统阶段。罗马帝国灭亡后,蛮族割据,西欧经历黑暗时代,政治混乱,民不聊生;但在抵御了东西两面阿拉伯军队的进攻后,查理曼创立了西方人梦寐以求的基督王国,神圣教会、庄园经济、封建政治得以一统,虽然期间也有文艺复兴、东罗马帝国灭亡、大航海殖民以及各国内乱和相互争斗,但总体上西方文明的内涵在这一个阶段是相对封闭但较为稳定的周期。

16 世纪至今:16 世纪标志性的事件是宗教改革,西方走向现代;但宗教内部、宗教与政治、个人与社会、信仰与理性之间,均出现分裂,信仰萎缩为宗教,理性萎缩为科学。自此,超越个人的生命意义不再明晰,个人意识空前膨胀,社会的走向不再统一,物质文明被无限夸大,资本世界屡战屡胜;西方文明进入全球化时代,但也与"现代前"的文明背道而驰。

三、面:釉面打磨,龟裂积累

"文明"总是要拿光鲜的一面或是"成功"的经验昭示于人,特别是在西方"唯一真"的基因驱使下,打磨后的文明形态历来被坚信和宣扬。西方文明的历程有几次关键的打磨,打磨后的效果或是增亮,或是覆盖,或是彻底替代。

(1) 阿奎那/亚里士多德对奥古斯丁/柏拉图的"打磨":奥古斯丁吸纳柏拉图理性,于公元 5 世纪实现了西方信仰与理性的首度结合,建立了西方正统的人生观;由此,中古"基督太平"维系长久。但教会恶习久积,政治环境裂变,东罗马帝国腹背受敌,亚里士多德的思想得以重回欧洲,文艺复兴将理性唤醒,西方中古文明开始失去光泽,亟待打磨——13 世纪的阿奎那将亚里士多德的理性再次结合,以期用动态、乐观、求变的文明"过滤新思、更新教规、维持秩序、调解政教"——这次打磨进一步完成了西方理性与信仰的结合，从文明特质上讲增亮不少，但却因 14～16 世纪的欧洲巨变，未达到加固文明的目的。

(2) 经验主义对理性主义的“打磨”：乐观、悯人的理性主义产生于绝无原则下的法国内争，笛卡儿(1596—1650)寻找到的“天赋理念”与“我思，故我在”的证明，以及斯宾诺莎(1632—1677)、莱布尼兹(1646—1716)对理性主义的延伸，都看似让欧洲文明经历宗教改革后再现曙光。但英国在绝对原则下产生的悲观、功利的经验主义，直接针对法国的理性主义进行打磨。随着英法竞争天平的倾斜和英国的霸权，这种打磨的结果就是“功利现实的经验主义覆盖了求真自省的理性主义”，洛克(1632—1704)、贝克莱(1685—1753)、休谟(1711—1776)基于官能经验、实用主义和个人自由归纳出的经验主义，终成现代西方文明的主要成分；但理性主义依然隐含在西方现代文明的体系当中，充当底色。

(3) 资本社会对敌手的“打磨”。隐含在个人主义下的自由主义、资本主义，随着“自由贸易”、“消费经济”、“自由竞争”、“经济全球化”的扩张，并在其“唯一真”的基因驱使下，要不断消灭与之背向的意识形态：对追求“平等”为唯一真目标的共产主义，通过“消费经济”磨去其政治理想；对追求“极端民族主义”的法西斯纳粹主义，资本主义和共产主义联手磨去其国家理想；对追求“存在无意义”的“存在主义”，通过物质享乐磨去其忧惧和空虚。这几次打磨使得自由与功利一步一步成为现代西方文化的主色，彻底替代了平等意识、民族意识和生命意义——看似是一场通过自由竞争而达到的“适者生存”，但这种在经验主义框架下演绎的物竞天择式的社会进程，已与“现代前”信仰与理性的统一背道而驰；打磨后光鲜的物质外表彻底掩盖了昔日西方文明的理性光泽。

光亮的釉面之下，西方文明也有几条深深的龟裂纹路，即几种迥异的时代心态——它们既是黏合文明碎片的过渡线，又是破坏文明整体性的分裂线。这几种心态西方自古就有[都可以追溯到苏格拉底(前 469—前 399)和他的学生]，从未间断，影响至今：①享乐派，苏格拉底的学生阿瑞斯提普斯(前 435—前 356)提出唯物宇宙观，产生纵欲派，再到伊壁鸠鲁(前 341—前 270)形成享乐派；②克制派，苏格拉底的学生安提西尼(前 445—前 365)开创禁欲派，传至芝诺(前 334—前 362)形成克制派，《沉思录》的作者罗马皇帝奥勒留(在位期 161—180)终成典范；③柏拉图派，苏格拉底的学生柏拉图开创理性主义，至柏罗丁(204—270)形成新柏拉图主义。心态直接反应伦理观，源于宇宙观，作用于社会观，这三种基本心态反应的是西方人对物质、德性和理想的道德判断和轻重次序。欧洲在“现代前”形成了统一的文明观念，中古时期的基督王国对宇宙、伦理、社会的理解经希腊理性和基督信仰的糅合，以“形而上”的理想心态为主流，并注重克制性恶，轻视物欲，皇帝(国王)、教会、子民之间在信仰与理性的秩序下心态平衡。

到了 14 世纪现代前夜，内忧外患、天灾人祸，内心迷茫和视野骤开，又一次把西方人带到了坚持传统或者破旧立新的十字路口，尘封已久的龟裂心态开始质疑和反抗西方传统文明的一统性：①现实功利派，马基雅维利(1469—1527)推崇的武力与权谋；

②悲天悯人派,圣莫尔(1478—1535)坚持的基督团体和柏拉图理想国;③犬儒冷漠派,伊拉斯谟(1466—1536)嘲讽的保守与腐败。这三种心态将1000年前古希腊的典型人性心态再次延续,理性与信仰勾勒出的完整文明形态出现裂痕。之后不久,宗教改革强势出击,伴随理性主义、经验主义对"人"的发掘,和大国的起伏兴衰,西方文明的整体性和一统性被多元化、对立性所取代。

源于经验主义的个人主义,在自由、功利和资本的推进下,在现代社会又走上了全球化一统的局面;可在这种功利文明全球化的过程中,"异质"心态依然存在:平等唯一真心态(共产主义),种族排他心态(国家主义),追求生命意义心态(存在主义)。虽然资本世界通过消费、武力、物欲等"抚平"了这些异质心态,但不可否认的是,在功利文明全球化的统一趋势下,如今这些心态依然根深蒂固,包括由来已久的悲天悯人和犬儒心态,在西方文明"多元化"、"相互制衡"的现实中,依然有一席之地,这既源于"唯一真"的基因,更源于对出自经验主义这种"反现代前"、纯物质化、极端强调个人化的文明形态的疑虑和反抗。

四、水:以水为法,文化基因

如果把西方文明放在一条因果链带中考量,西方文明的种种现象:希腊理性、罗马秩序、基督太平、文艺复兴、宗教改革、工业革命、大国称霸、宪政制度、物竞天择、启蒙运动、资本主义、民主法治等,都可以称之为"果",或者称之为"事实";但本书探索的是这些文明形态下的"因",即"真相"。"因"是书中提出的基因,"真相"是事实背后的主导因素;基因主导文明但不改变文明,也就是书中所提的"以水为法"。水是不容易被发觉的,也不可能单独成形,容器的形状就是水的形状。基因是没有"好坏"价值判断的,但随着西方文明的演化,其容器的材质发生改变,文明的表现也就有了价值取向。整体来说,本书有一个基本的价值判断,即"现代前"文明要"好于"现代文明,判断的标准在于"生命的意义和生活的素质",这是本书隐含的一个重要主题。毋庸置疑,有意义的生命和高质量的生活是最高的幸福追求,但二者几乎不可兼得,才有了或沉沦、或苦差、或行尸的人生。西方历史中也有被定义为"幸福"的时期,如罗马太平、基督太平、大英太平,也都是将生命的意义看得更重,或是要为高质量的生活带上生命意义的光环,才可称之为幸福。生命意义和生活质量犹如人生价值的两条坐标——生命的意义决定生命的高度,是可以放在整个文明历程中加以比较的,西方用对"真"、"神"等的理解程度和在人生中的体现加以衡量。但生活的质量往往是一个相对的体验,同一时代、同一文明下尚可比较衡量,但不同时代、不同文明下的比较是没有基准的,简单的定论现代生活质量高于"现代前"是没有多大意义的。健康的身体和思想、基本的物质需求、精神上的人际交流、适宜的社会角色,无论在哪个时代都是高质量的生活体现。很明显,"现代前"西方在追求生命意义的完整性和统一性上要明显高于现代。理性主义和经验主义在开始阶段还有些对生命意义方向性的描述,但到了自由主义主导下的资本社会,天平完全倒向了物质化的生活享乐,生命的意义只剩下碎片化的奢望或是无目标的物质享受；在消费文明的主导下，人拥有物质的多寡成为简单而空白的生活质量衡量标准。作者正是基于这样的价值取向，才对西方现代"生存的价值"给予了无情的批判和逻辑性的肢解——个人自由存在死结，平等与自由不能共存，民主变形为政治权宜，以钱生钱的循环法则扩大矛盾，法治与人权实则成为资本主义的利器和盾牌。

本书的核心是文化基因，即产生于"现代前"的"唯一、真"，以及产生于现代的"人、个人"，两组文化基因共同作用于现代西方文明的特质和走向。这两组文化基因的提出，其意义不仅在于找出了西方文明的"本质"，也在于用一根主线串联了西方文明历史的脉络。总体上，书中以宗教改革为分水岭，这并一定是严格意义上的历史界定，但对于书中所探讨的"人"与"真"之间的关系而言，宗教改革具有划分意义：宗教改革之前的西方文明历史是在"人—真(神)"的框架下寻求理性与信仰统一，而在宗教改革之后，西方文明的历史是在"人→个人—人人"的框架下分裂出了理性主义与经验主义，以及由经验主义延伸出的个人主义、功利主义、自由主义和资本主义。这种梳理方法虽显粗略，不能"白描"式的刻画西方文明的林林总总，但也犹如"速写"，抓住了文明的轮廓和精要。这貌似与作者城市规划师的职业思维有关——规划师总是力图处理城市的整体性、延续性与内部关联性的问题。

在"唯一、真"文化基因下，本书将西方"现代前"最重要的三个文明环节加以统一，即希腊理性、罗马秩序和基督信仰，几组关键历史人物也由此关联：柏拉图与奥古斯丁，亚里士多德与阿奎那，罗马皇帝与基督。宗教改革从 14 世纪的天灾人祸现出端倪，1453 年的三件大事奏响西方现代的序曲，1517 年马丁路德的"九十五条论纲"揭开现代大幕，自此西方宗教地图重新谱写，并融入政治斗争和家族利益，欧洲陷入战争与分裂，"人、个人"文化基因应运而生，并携带着"唯一、真"文化基因的禀赋。西方的国家、民族、教廷、皇室、民众几者错综复杂的关系可以由此进行梳理，也可将大国盛衰、现代资本世界的形成等关键历史情节放在这两组文化基因下进行解析。现代文明的几组关键人物也有其内在联系：理性主义三杰笛卡儿、斯宾诺莎、莱布尼兹，经验主义三杰洛克、贝克莱、休谟，在唯一真的基因下各持己见；开创现代科学范式的牛顿(1643—1727)与引领批判思潮的伏尔泰(1694—1778)，阴差阳错，英国经验主义的牛顿试图和解源于法国的理性主义，而法国的伏尔泰却走上了崇英贬法之路，决裂了经验主义与理性主义的融合；卢梭(1712—1778)的"天赋平等"与斯密(1723—1790)的《国富论》，进一步赋予了法国对平等的向往和英国对自由崇尚；启蒙运动、法国大革命是法式的实践，英式的工业革命带领英国走向霸权盛世；直至达尔文(1809—1882)的物竞天择为自由竞争戴上了道德的光环，为社会进步提出了新的法则。

五、结　　语

本书的结尾，指向中国："国运选择，就在此刻。"中国文明也有其文化基因，但传统文化内涵和历史背景与西方大不相同；近现代中国在短短的一百多年间，经历了几次传统文化的割裂,“西风日渐”一度成为主流,也产生了习惯性“学习西方”的心态,导致现今中国的文明框架已略显模糊,底色(传统文化基因)与新着色(现代西方文明的吸纳)之间或格格不入,或各成体系,并未像西方那样历经五百多年的坎坷[①],传统与现代之间尚可调和。中国传统的“乐观”、“扬善”、“中庸”、“大我”的特质与西方“悲观”、“抑恶”、“唯一真”、“个人”的基因混搅在一起,在“经济发展”和“大国复兴”的主流心态下——方向上的坚定与文化内涵上的模棱两可,使当前中国的“大国心态”略显自负而文化底气不足。

以“文化基因主导文明走向”的观点看,如果未来中国以西方现代的文明框架作为指引,至少有两点疑问需要清醒认识:①虽然东西方目前都在追求高度物质化的文明形态,但能否在东方异质的文化基因下产生类似西方的文明结构?西方在科技领先几百年和霸占全球大多数资源的保障下,在过往失败和痛苦经历的警示下,在政治权宜制衡的妥协下,加上信仰与理性还隐存的力量,尚可维系其文明架构,但也摇摇欲坠。中国具备这些背景条件吗?②基于物质消费和金融资本的西方现代文明,是把人带向更加“个人”的方向,这与已经固化在中国人血液里的传统价值观念是有莫大冲突的,一味的个人化方向势必会引起文化传统的排异、社会结构的割裂与生态承载的不堪重负。这是中国人长久以来追求的理想社会吗?

“物质”与“个人”业已成为当前全球文明的主题词,与中国传统文化基因产生的碰撞,已经在个人价值追求、人际关系、社会结构、经济可持续力、生态环境负担等层面出现不少裂痕,在曾经饱尝故步自封或邯郸学步的苦痛之后,中国和西方同样也需要挖掘、寻找相应的制衡力量和空间机会化解这些恶果。

应用本书结语“旅鼠的故事”[②]结束本文:当前东西方文明都走在一条无法回头的道路上,个人、自由、物质、资本代表的文明内涵对人性有难以抗拒的引力,但对于整个人类而言则实难可持续;改变方向似乎很难,但至少可以跑得慢一些,才来得及看到排头兵走到门槛的那一刻,或许才有抽身返途的机会。

---

① 西方现代的揭幕,有史学家认为是1453年(英法百年战争结束、君士坦丁堡失陷、活字印刷改进),也有史学家认为是1517年开始的宗教改革。

② 本书后记用“旅鼠”(lemming)隐喻“破坏”“毁灭”。旅鼠爆发繁殖,吃光食物,只能大规模迁徙,但毫无目的且方向不改,终在绝处集体毁灭。少数留在原地无法迁徙的旅鼠,反而幸存。

哈耶克的自由主义社会福利观解析
——评《自由秩序原理》

邵海亚*

北京：生活·读书·新知三联书店，1997，339 页，28 元，
ISBN：9787108011046

哈耶克在新自由主义思想发展脉络中是一个不可或缺的标志性人物。哈耶克的社会保障思想构成其自由主义思想的重要方面，其新自由主义的社会保障与社会福利思想是在与作为凯恩斯国家干预主义理论的论战中逐渐发展并形成体系的，对随后的英国和美国政府的改革有重要影响。因此，全面地梳理哈耶克的社会福利思想，有助于社会保障和社会福利的理论研究，为我国的社会福利和社会保障改革实践提供理论基础与借鉴。

一、哈耶克与新自由主义福利观

哈耶克在新自由主义思想发展脉络中是一个不可或缺的标志性人物。哈耶克的社会保障思想构成其自由主义思想的重要方面。其新自由主义的福利观集中体现为反对国家干预下的福利国家制度，认为市场是解决社会保障问题的最有效方式，社会保障的实施不能威胁到民主国家的自由精神与创造力。具体来说：①新自由主义福利观强调市场机制在财富和资源配置中的重要性，反对所谓"分配正义"主张，将分配正义及其政策设计视为对自由的重大伤害。②新自由主义反对集体主义，强调个人主义，认为自由与责任紧密联系，在社会保障制度中应当发挥个人责任，反对以强制性收入再分配方式满足个人需求，市场力量、个人责任以及家庭互助应当成为福利供给的重要主体。③实现削减社会福利，倡导社会保险领域的私有化。反对强制性保险，提倡有选择的保险制度，主张积极削减社会福利规模和项目，倡导社会保障制度模式的私有化转型。④倡导积极劳动就业政策。新自由主义者将保护性劳动就业政策与积极

* 邵海亚，南京大学政府管理学院博士研究生，南京医科大学副教授，主要研究方向为医疗政策与管理，社会保障理论。E-mail：shy@njmu.edu.cn。

就业政策相结合，力图通过改变失业保障制度消除其所造成的福利依赖以及对经济活力的冲击。在新自由主义看来，各国取消经济保护，实现生产要素、贸易和金融的完全自由化和国际化，最有利于资源的高效配置和比较优势的充分发挥。同时，新自由主义支持通过国际组织和条约对他国施加多边的政治压力，以此推进全球自由化。①

在个人主义的方法论维度下，哈耶克将集体主义经济计划视为对自由的极大威胁。哈耶克认为福利国家必将威胁自由原则。为此，他区分了两种不同类型的社会福利制度，即"有限度的保障"和"绝对保障"。有限度的保障是"防止严重物质匮乏的保障，即确保每个人维持生计的某种最低需要"。② 而绝对保障则是强调"某些生活水准的保障，或者说，一个人或集团与其他人或集团比较的相对低位的保障，即一个最低限度的收入保障和一个被认为应有的特定收入的保障"。③ 哈耶克认为："这个称谓(福利国家)实际上是有许多不尽相同甚至彼此冲突的要素的混合，它们当中一部分要素会使自由社会更具有吸引力，而另一些要素则与自由社会不相融合，或至少会对自由社会的存续构成潜在的威胁。"④因此，向社会成员提供所谓"有限保障"，可以保持市场经济的竞争力；同时，向社会成员提供的维持生计的最低标准的保障，不会存在任何特权以及由此产生的限制自由的问题。可见，哈耶克并非完全否定社会福利计划，而是注意到在面临不可预知的灾害、疾病以及事故中，应当给予人们以基本水平的保障，并使个人能够自己采取有效手段以解决自己的生活问题、满足自己的发展需要。"要求政府协助组织一种全面的社会保险制度的理由是很充分的。"⑤

在哈耶克看来，绝对保障是对自由原则的一种破坏，旨在保护市场社会中常见的和必然的收入损失风险，而这种保障是与自由市场中的竞争原则相悖的，它限制了个人自由选择职业及其在行业间自由流动的机会，违背了市场配置资源的基本规律，抹杀了社会创新所需要的企业家精神。福利国家的出现实际上是将"有限度的保障"目标转变为"绝对保障"甚至全面保障。从哈耶克的观点出发，福利国家是对自由社会的极大背叛，"我们越试图用干涉市场制度的方法来提供更充分的保障，有些人就越缺乏保障，而且，更糟的是，在作为一种特权而得到保障的那些人的保障和没有这种特权的人日益增加和无保障之间的对立也变得越大。并且保障越具有特权的性质，而没有特权的人所面临的危险越大，保障就越为人们所珍视"。⑥ "那些愿意放弃基本自由来换得少许暂时保障的人，既不配得到自由，也不配得到保障"。⑦ 福利国家破坏了盎格鲁一撒克逊国家的自由精神。

① 林闽钢. 现代西方社会福利思想——流派与名家[M]. 北京：中国劳动出版社，2012：25.

② 弗里德里希·冯·哈耶克. 通往奴役之路[M]. 王明毅，等，译. 北京：中国社会科学出版社，1997：177.

③ 弗里德里希·冯·哈耶克. 通往奴役之路[M]. 王明毅，等，译. 北京：中国社会科学出版社，1997：177.

④ 弗里德里希·冯·哈耶克. 自由秩序原理(下)[M]. 邓正来，译. 北京：生活·读书·新知三联书店，1997：10.

⑤ 弗里德里希·冯·哈耶克. 通往奴役之路[M]. 王明毅，等，译，北京：中国社会科学出版社，1997：118.

⑥ 弗里德里希·冯·哈耶克. 通往奴役之路[M]. 王明毅，等，译，北京：中国社会科学出版社，1997：126.

⑦ 弗里德里希·冯·哈耶克. 通往奴役之路[M]. 王明毅，等，译，北京：中国社会科学出版社，1997：128.

二、社会保障再分配功能的理解

哈耶克出于对社会自生自发秩序的崇拜，对分配正义尤其是收入分配正义做了尖锐的批判。自由主义聚焦交换正义而非分配正义。在哈耶克看来，为赤贫者以及不可预知的灾害提供福利救济，这是应当予以肯定的；而对于绝对保障即对某种收入水准和生活水平的保障，则是完全没有道理的。再分配应当仅限于为所有人提供一种最低生活保障的福利救济。哈耶克强调了有限度保障的重要性，“我们不应当由于眼光短浅而不通过增加收入的途径，而是用收入再分配的办法去救治贫困，这会使得众多阶层的人们感到沮丧，以致使他们变成现行政治制度的死敌”。“让我们尽一切努力来确保每个人享有一个统一的最低水准，但同时也让我们承认，有了这种基本的最低保障以后，个别阶层必须放弃对确保享受特权的一切要求，必须取消允许某些群体为维持他们自己的特殊标准而排斥新来者分享他们相对繁荣的一切借口。”[①]在哈耶克看来，保持市场活力是经济有序发展的基本路径，而以再分配为基本手段则是一种短视行为，实际上破坏了自由市场秩序。

经由累进税(progressive taxation)进行再分配的做法，在现代社会渐渐被普遍认为是一种正当之举。而在哈耶克看来，向高收入者课征高额累进税所获得的财政收入，在全部财政收入中占极小的比例，因此可以说它并不足以减缓其他人所承受的负担；问题还在于，采用累进税后的很长时期内，实际上并不是贫困者能从中获益，相反，却是那些构成最大多数选民的经济状况较好的劳动阶级和中产阶级中的较低收入阶层成了受惠者；同时，对于富人承担大多数税收负担的幻想导致大众接受比原本更为沉重的税负。“尽管累进税制原本旨在减少不平等的现象，但事实上却反而致使现存的不平等现象得以长期存在下去”。哈耶克还指出，累进税制根除了自由社会所具有的对这种不平等现象进行补救的最为重要的机制——自由企业制度。[②] 简而言之，在哈耶克看来，累进税制可能降低企业与个人创造的财富总量，抑制其积极性，在总体社会层面造成社会福利的损失；同时，累进税制并未达到减少不平等的目标。此外，累进税助长了个人惰性，破坏了经济发展所需的动力基础。

三、社会保障制度及其项目批判

哈耶克先是从整体层面对社会保障制度进行评价。他详细论述了社会保障制度的演进过程，发现社会保障制度的初始形式是以济贫法形态出现的。哈耶克认为，社会保障制度其实极为复杂，从而很难为人们所理解，因而给民主制度造成了严重问题。正是由于社会保障存在的复杂性，连那些一般的经济学者、社会学者或者法律人士也

---

① 弗里德里希·冯·哈耶克．通往奴役之路[M]．王明毅，等，译，北京：中国社会科学出版社，1997：199．

② 弗里德里希·冯·哈耶克．自由秩序原理(下)[M]．邓正来，译，北京：生活·读书·新知三联书店，1997：90．

对这一复杂且变化不定的制度的诸多细节茫然无知，因而导致"制度性专家"逐渐占据支配地位。所谓制度性专家(institutional expert)，其实只是一些全面理解其组织构造并因此而变得不可或缺的人，其未必掌握对制度价值的判断。这类"新型专家"会毫不犹豫地拥戴或赞同他们据以成为专家的那个制度，结果造成"在越来越多的政策领域，几乎所有那些被公认为'专家'的人，从定义上来讲，都是些对现行政策所赖以为基础的诸原则持赞同意见的人士"。[①] 而那些持反对意见的人士却不会被视作制度专家，这些制度专家对于组织机构和制度膨胀有极为重要的影响。在由国家单一控制的社会保障机构的背景下，"强制性收入转移(compulsory income transfers)视作一种法律上的权利和做法，并不能改变这样一个事实，即这种收入转移只能根据特别需要的程度而被证明为正当，因此它们仍是一种施舍措施，而并不是什么法律权利"。通过黑箱作业的方法，"诱使公众舆论接受一种新的收入分配方法"，而新机制的管理者的真正目的，则是直接实现收入再分配的安排。哈耶克强调，要想阻止该发展趋势，就必须对两种救济做出明确的区分："一是受益者因为在事先已做出了充分的偿付从而在道德上和法律上享有权利而获得的救济，二是受益者仅依据需求并因而依赖于对需求的证明的方式而获得的救济"。[②] 在哈耶克看来，国家单一控制的社会保障机构还具有另一特性，即"有权使用经由强制性手段而征集起来的资金，为扩张这一强制性制度进行宣传"。[③] 在一个民主制度下，一些公共机构将公共资金用于有利于扩展它们自身活动的宣传，这种做法在社会保障领域极为普遍，这将造成选民和立法者都只能从制度专家的宣传中获取信息，而那些专家所从事的活动本来确实应当接受选民和立法者指导的。哈耶克认为，这种单一控制下的权力"与那些垄断着所有信息供应手段的全权性国家所拥有的权力毫无二致"。[④]

在养老制度层面，如果政府致力于对所有的老年人不仅发放一种最低限度的津贴，而且还力图提供"适当的"津贴，而不考虑个人的需求，也不考虑其所做出的贡献如何，在哈耶克看来，这种做法会产生非常严重的问题。具体地说，一旦国家获得了提供此类保障的垄断权，那么国家不仅会给予那些凭其贡献而获得保护的人以保障，而且还会给予那些未来得及作出贡献的人以保障。而且当支付退休金时，这笔钱并不是从为此目的而积累起来的资金所带来的收益中支出，也并非从受益人因努力而获得的额外收入部分中支出，相反，"它们乃是从那些当前正在从事生产的人的工作收入中转移出来的一部分"。[⑤] 于是，这种抛弃保险特性的做法以及决定"适当的"收入的做法，必

---

① 弗里德里希·冯·哈耶克. 自由秩序原理(下)[M]. 邓正来，译. 北京：生活·读书·新知三联书店，1997：52.

② 弗里德里希·冯·哈耶克. 自由秩序原理(下)[M]. 邓正来，译. 北京：生活·读书·新知三联书店，1997：54.

③ 弗里德里希·冯·哈耶克. 自由秩序原理(下)[M]. 邓正来，译. 北京：生活·读书·新知三联书店，1997：55.

④ 弗里德里希·冯·哈耶克. 自由秩序原理(下)[M]. 邓正来，译. 北京：生活·读书·新知三联书店，1997：55.

⑤ 弗里德里希·冯·哈耶克. 自由秩序原理(下)[M]. 邓正来，译. 北京：生活·读书·新知三联书店，1997：58.

将使整个保险制度演变为一种政治工具，成为政客为拉选票而使用的一种筹码。因此，“在一个未遭到通货膨胀侵袭的富裕社会，大多数退休者通常要比那些仍在工作的人过得更舒适。”[①]

在疾病保险层面，哈耶克认为不仅存在养老保险所存在的上述问题，而且由于疾病问题属于“个案性需求”，它所产生的紧迫性和重要性必须依据满足此项需求的费用加以权衡。哈耶克强调，健康保险有其重要意义，有了这项制度，许多人便能够救济自己，相反，这些人则会成为一种公共负担。但哈耶克反对单一的国家健康保险方案，以及全民免费健康服务方案。他之所以反对这类方案，是由于这类方案本质上是一种政治上的不可撤销的举措(politically irrevocable measure)，即“这种措施一旦实施，就必须执行下去，而不论这种措施是否已被证明为一种失误之举”。[②] 在哈耶克看来，那些支持全面免费医疗方案的人忽视了有关维持健康和保护生命的决策所涉及的问题的性质，在判断医疗服务中具体需要多少照顾和努力方面，并没有什么客观标准可以依循；而且人们越来越意识到，要做客观上所有有可能的事情，资金花费是没有限度的。在医疗保险面临的或然性和偶然性的背景下，所有的决策必须在现实中的初始化条件下进行抉择。在人道主义层面，减轻病人痛苦和延长病人生命是正当的；而在经济层面，却不能被证明为合理。在有限条件下，人们面临痛苦的抉择：在国家控制医疗的制度下，这种抉择一定由当局机构强加给个人；而在自由社会，“那些具有充分工作能力的人所得的不具危险的暂时伤病，通常会得到迅速的医治，并在一定程度上以忽视老年人的疾病和绝症的医治为代价；这种做法看上去颇为残酷，但却很可能会符合所有人的利益”。[③] 哈耶克还尖锐地指出了医疗国有化带来的“鲜为公众所觉察”的“一个最重要的问题”。医疗国有化的措施，不可避免地要把那些作为对病人负有完全责任的自由职业人员的医生吸纳到国家机构之中，成为领薪的公务人员；然而作为国家的领薪公务人员，他们又必须听从于当局的指令，而且不能向当局保密其所知道的情况。经验表明，此一方面的新发展所具有的最大的危险很可能在于：每当医学知识的发展趋向于赋予那些拥有这些知识的人以越来越多的支配他人心智的力量的时候，国家便会把他们归属于某个受单一指导的统一组织之中，并根据国家用以决定政策的理由指导或命令他们。这种制度的前景实在令人可怕：医生一方面是个人之不可或缺的帮助者，另一方面又是国家的代理人员。这种制度既使医生可以洞察病人最具私性的事情，同时也规定了种种条件，迫使医生不得不将他所知道的事情泄露给上级领导，并且将这些情报用于实现当局所决定的目标。[④]

---

① 弗里德里希·冯·哈耶克．自由秩序原理(下)[M]．邓正来，译．北京：生活·读书·新知三联书店，1997：59.

② 弗里德里希·冯·哈耶克．自由秩序原理(下)[M]．邓正来，译．北京：生活·读书·新知三联书店，1997：61.

③ 弗里德里希·冯·哈耶克．自由秩序原理(下)[M]．邓正来，译．北京：生活·读书·新知三联书店，1997：63.

④ 弗里德里希·冯·哈耶克．自由秩序原理(下)[M]．邓正来，译．北京：生活·读书·新知三联书店，1997：64.

在失业保险方面，哈耶克认为，防止大规模失业显然要比为失业者提供救济的方法更为重要。但是我们无法确定的是：已经彻底解决防止大规模失业问题，而失业保险不再具有重要意义。同样不能确定的是，失业救济对于失业规模的影响究竟如何。我们已经建立了统一的最低限度救济的公共救济制度，但是与经济大萧条期间的失业不同的是，现在失业问题的产生存在诸多因素，区分失业的实际类型相当重要，在不同行业间应对失业风险的方式也不同。然而，使用国家“保险”这类方案时，却是运用从其他领域的工人那里征集到的款项，或从大众那里课征到的一般性税收，救济这些领域中的失业者。哈耶克指出：“当某一特定行业所特有的失业风险并不是用此行业中的收益而是用此行业之外的收益来救济时，它将意味着，由于对此类行业中的劳动供给所提供的补贴来自其他行业，所以只能说明这种行业的扩展已超出了其在经济上可欲的程度。”[①]在西方所推行的全面失业保险，解除了工会对其政策造成的失业所应承担的责任，同时又迫使政府保障因工会缘故而失业的工人的生活，全面失业保险制度只能使就业问题更加复杂。自由社会的国家则为失业提供统一的最低限度的补贴，并尽可能减少周期性失业，而对于维持生活水平所需的进一步补贴则交由市场实现。哈耶克认为，强制性的失业保险方案(a compulsory scheme of so-called unemployment insurance)始终在于“矫正”不同群体间的相对报酬，以稳定的行业为代价补贴不稳定的行业，并支持与高就业水平不协调的工资需求，它只可能恶化其力图解决的问题——失业，因而是得不偿失的。

---

① 弗里德里希·冯·哈耶克．自由秩序原理(下)[M]．邓正来，译．北京：生活·读书·新知三联书店，1997：66.

两种世界秩序观的历史遭遇及未来

陈雪飞*

北京：中信出版社，2012，617 页，68 元，ISBN：9787508635583

在 21 世纪头 10 年，中国经济复兴，国际话语权却依然瘸腿，鲜明反差引人深思。“中国观察家们”对此莫衷一是，有中国威胁论、中国崩溃论、中国傲慢论、中国强硬论等“唱衰论”；有中国机遇论、中国责任论、中国必胜论、发展中大国责任论、中国独秀论等“捧杀论”。而美国外交政策界既有反华仇华的“蓝队”，也有同情理解中国的“红队”。基辛格是其中少数知华的中国通，其《论中国》与众不同，既论证了中国文明的文化与政治根源，又比较了中国文明与以美国为代表的西方文明在例外论、普世观和世界秩序观上的差异、延续性、历史遭遇以及可能的未来。

在中国经济复兴之前，例外论从来只有一种，即西方的、英国或美国的、宗教的、传经布道式的。英国和美国在世界政治意义上开启了西方文明的新纪元。大致而言，19 世纪是英国世纪，20 世纪是美国世纪。在此之前，从来没有任何政治体在全球范围内拥有或追求过如此极具扩张性的霸主地位，有埃及帝国、波斯帝国、马其顿帝国、罗马帝国这样的区域霸主，但并不存在全球意义上的世界霸主。除了经济实力和军事力量的支撑，英国和美国所代表的西方文明还严重依赖于两个紧密关联的主题：例外论与普世观。它们同时又都是其世界秩序观不可分割的组成部分。

中国经济实力即将重新回归历史常态的大势，催生了另一种例外论，即东方的、中国的、文化的、文明教化式的。美国例外论支撑的是扩张性的宗教普世观，它好为人师、野心勃勃地企图在全世界建立自己的宗教势力圈，誓言将自己的价值观广布全世界每个角落。中国例外论支撑的是内敛性的文化普世观，它是一种文明中心论，但从不寻求对外武力征服，没有建立任何海外殖民地，从未远涉重洋传播自身文明。它高高在上但不仗势欺人，而是遵循“古有来学、未闻往教”的师道尊严，只在周边地区建立自己的文化势力圈，与此同时，也从来没有完全臣服于任何外来强力，反倒每每将外来力量同化。

---

* 陈雪飞，香港中文大学哲学博士，外交学院外交学与外事管理系讲师。通信地址：外交学院外交学与外事管理系，100037；E-mail：chenxuefei@cfau. edu. cn。

如果说这种中国文明中心论曾经长期支配中国人的世界观,那么,在历经百年沧桑、国家重归一统之后,在毛泽东和邓小平所分别代表的30年中,这种文明中心论是否还有其历史连续性?在革命时代,在改革时代,中国的世界秩序观是否还承受历史的滋养,是否处处渗透并散发传统的中国文明中心论?两种世界秩序观发生了什么样的历史遭遇?对于世界秩序的未来有什么样的影响?带着这些疑问,基辛格为我们描述了一个我们自己也许都感到陌生的中国。

一、两种例外论、普世观与世界秩序观

如果说基辛格的《论中国》代表了美国人对中国文明的同情式理解,我们所说的并不是对中国文明历史风光的怀旧,甚至也不是未来重建天下体系的可能性,而是绝大多数美国人完全不知道甚至不少中国人已经遗忘或正在排斥、意欲颠覆的下述事实:中国是一个中央帝国,中国人的世界秩序观来自中国文明,来自中国文明中心论,并且始终受中国文明中心论的支配和型塑,从未断绝。中国文明中心论的烙印与人类历史上最不为西方人理解的事实同样悠久而深刻。

基辛格确信,中国文明从未断绝。中国例外论建立在中国中心论之上,中国中心论又建立在中国文明中心论之上。因此,中国例外论实际上说的是中国文明中心论。中国文明的独特性体现在四个方面:①中国文明历史悠久且从未断绝。中国文明的连续性成为中国的一条颠扑不破、永恒存在的自然法,中国文明的时间观是一种循环往复而非传统现代的二元时间观。[①] 中国只需复原,无须创建,统一是常态,分裂是暂时的不正常状态。每当此时,都会有人以天下一统为号,重新统一中国,代代传承中国文明的实质精髓,保证中国文明的连续性得到维系。秦朝开创了天下大一统的帝国体系,后世每以"暴秦"贬其政,但却无不以恢复天下归一之制为己任,舍此,则无从获得自己的政治正当性。由此,才如白鲁恂(Lucian Pye)所言,中国不是一个(西方意义上的)民族国家,而是一个佯装成民族国家的文明。[②] 中国例外论不是来自自诩"中央之国",而是来自人类历史上唯一绵延几千年不绝的古老文明这一坚硬的事实。②中国人对自己悠久而连续的中国文明高度自觉,并且坚信可以在各种极端艰难困苦条件下延续中国文明。中国人,尤其是中国的精英阶层认为中国举世无双,中国不是、不仅仅是世界诸文明中的一个伟大文明,中国文明就是文明本身。[③] ③中国之为中国,又是因为成熟的中国政治文明。中国政治文明的成熟、中华帝国的延续,依赖的是共识而非暴力,平民百姓和政治精英都长期信奉同一套文化价值观,即儒家为主糅合释道的文化价值观。此外,帝国治理依赖的是一整套成熟的帝国官僚体制,通过不考虑民族、宗教、社会经济地位差异人人平等的科举制选拔官员,统治权力渗透到了社会的各个

---

① 柯小刚. 儒法关系与人民共和的古代历史渊源. 政治与法律评论,2010(1):24-42.

② Lucian W Pye. The Spirit of Chinese Politics[J]. Cambridge, MS: Harvard University Press, 1992: 235.

③ 基辛格. 论中国[M]. 胡利平,等,译. 北京:中信出版社,2012:6.

角落。[①] ④中国文明之为中国，还在于中国文明自成一体、自成体系。对内，中国的语言、文化、社会和政治体制自成一体、自成体系。对外，天下一统、皇帝威加海内、君临天下，以夷制夷、远交近攻。

基辛格认为，中国的世界秩序观正是建立这种高度自觉自信、自成一体的例外论与文化普世观基础之上。在天下一朝贡体系中，中国乃世界中心，其他国家皆是中国文化的变种，它们吸收中国文化、向中国朝贡，构成了宇宙的自然秩序。但是，天下一朝贡体系是个内敛性的世界秩序架构，中国文化的辐射圈涵盖整个东亚，并且也到此为止，从未追求建立世界帝国，尽管中国实际上并非没有这种实力。中国与进贡国的外交是天下大同的一部分，中国允诺给邻国人民的不是平等而是公正，根据每一国人民受中国文化影响的深浅以及对中国礼仪的尊重程度，分别示以怀柔。

基辛格把中国文明中心论视为中国例外论、文化普世观的实质内核，不落入西方长期以来在教科书和政治意识形态上所形成的对于中国的偏见，平等看待美国的“对手”或者“敌人”，尊重或者还原中国文明的自主性、独特性、连续性和普遍意义，是基辛格《论中国》着力最多之处，也是其对于美国的“中国研究”的最大贡献。

与中国例外论不同，美国例外论突破了欧洲1648年以来的所谓威斯特伐利亚体系，这一体系正是近代西方国际关系观念的核心支撑点。基辛格简要梳理了以势力均衡、主权平等和法律平等为三大根基的威斯特伐利亚体系。[②] 但是，威斯特伐利亚体系并不是以确保和平为目标的体系，它只是确立了各国之间的彼此独立，[③]实际上也并未确保和平，其内部仍以英、法、德这些大国为中心的实力政治，彼此之间战火纷纷。美国例外论既继承了威斯特伐利亚体系及其以降的国际关系理论，又不时表现出鲜明的差异，先是孤立主义，后是两次世界大战期间闷声发大财的中立主义，接着是“二战”后“冷战”期间与苏联争霸，最后是“冷战”结束后奉行至今的帝国—霸权体系。

“二战”结束之际，整个西方的世界秩序观已经从英国主导的威斯特伐利亚体系转向美国主导的帝国—霸权体系。罗伯特·卡根敏锐地指出，欧洲向往的和平天堂是靠美国的实力保障的，没有獠牙的欧洲在美国的影响力面前越来越无所适从。[④] 进入21世纪后，美国主导的帝国—霸权体系正在“和平地衰落”，美国在2007年爆发的次贷危机在2008年演变成为全面的金融危机，这场来自美国的金融危机接着传染给了欧洲，导致多个欧洲大国出现严重的主权债务危机。

未来的世界秩序将越来越受美国、欧洲与中国三方关系，即中美关系、中欧关系和美欧关系所塑造。在很大程度上，中美关系是其中最重要的一对关系，美国人如何看待中国、中国人如何看待美国就变得同等重要。在这个意义上，两种世界秩序观的历史遭遇变得非常重要，实力的消长决定了不同国家在遭遇战中的命运，遭遇的结果又

---

① 基辛格. 论中国[M]. 胡利平，等，译. 北京：中信出版社，2012：11-12.

② 基辛格. 论中国[M]. 胡利平，等，译. 北京：中信出版社，2012：12-13.

③ 约瑟夫·奈认为均势不是维持和平的体系，而是维持独立的，在欧洲各国之间维系的是无政府的国际体系，参见约瑟夫·奈. 理解国际冲突：理论与历史[M]. 张小明，译. 上海：上海人民出版社，2002：88.

④ 赵晓力. 美国人来自火星，欧洲人来自金星[J]. 书城，2005(3)：39-42.

影响实力的消长。

二、两种世界秩序观的两次遭遇战

在基辛格看来,在中国文明中心论基础上建构的中国例外论、文化普世观,共同塑造了中国几千年来再自然不过的世界秩序观:天下—朝贡体系。相比之下,建立在西方基督教中心论基础之上的美国例外论、宗教普世观,共同塑造了美国的帝国—霸权体系。威斯特伐利亚体系处理的是欧洲大国彼此之间的内部关系。所谓势力均衡只是几个大国之间的实力均衡,实质上这种均衡关系或均衡状态是很短暂的,英帝国在19世纪的霸权地位是对这种势力均衡体系的突破,欧洲国家对外部世界推行的是殖民帝国霸权体系,并且面对中国这样的大国可以联合作战。在中西两种世界秩序观的两次遭遇战中,中国先输后赢,一负一正,从衰败中凤凰涅槃,再次恢复了自我的完整性。

中国的世界秩序观与欧洲的新世界秩序观第一次遭遇战在18世纪末。先是发生了互不承认的和平冲突,在大约半个世纪后的1840年变成了暴力冲突,中国世界秩序观被冲击得千疮百孔,发生了天翻地覆之变。基辛格认为,从和平向暴力的冲突来自于中国对旧世界秩序观的坚守,无法接受欧洲所代表的新世界秩序观,即无法放弃中国中心论,无法放弃天下—朝贡体系,无法接受自由贸易、互派外交使节和主权平等。按照这个逻辑,今天中国例外论与美国例外论的冲突实际上也就意味着,中国至今也无法接受美国所主导的帝国—霸权体系,以及为之提供正当性支撑的基督教价值观念,事实上也包括无法接受美国所代表的现实主义实力政治。

基辛格敏锐地强调,如果有哪个国家看不清楚中国世界秩序观的这一核心特征,贸然行动,纵然一时得利,但终究会碰一鼻子灰。他正确地指出,中国的确低估了英、法等西方列强的野心及其技术力量,他们并不是"传统的入侵者",而是"新型的入侵者"。也就是说,他们此行的目的不是在中国定居、融入中国文明和中国人的生活,而是像亚当·斯密所隐含或明示的,认为自己来自更先进的社会,他们想要的只是根据自己的财力、实力和胃口,掠夺、攫取经济利益。英、法为代表的欧洲列强在中国追求的治外法权也并不符合威斯特伐利亚体系的基本原则。总之一句话,鸦片战争的确代表两种世界秩序观的严重冲突。

费正清最初用"冲击—反应"模式解释这一中西文明冲突。[①] 基辛格则把这种冲突归结为以公正为基本理念的中国世界秩序观与以平等为基本理念的西方世界观之间的严重矛盾。为什么濒临崩溃的中国世界秩序观最终却没有彻底瓦解,反而给1949年的新中国留下了丰富的道义遗产和领土遗产?基辛格认为,源自欧洲的国际关系均势理论显然无法回答这个问题。中国几乎完全是靠运用两种传统资源实现了这一点,一是中国对自己作为万邦上国的高度自信从未消失,中国自认仍然是驾驭万

① 费正清的观点之后虽发生了些许变化,但主要还是受汤恩比"文明阶段论"的影响。参见王新谦. 对费正清中国史观的理性考察[J]. 史学月刊,2003(3):13-18.

邦的帝国，这是中国人民坚忍不拔和文化自信的根源；二是中国人运用传统的以夷制夷、远交近攻的对外战略，挑动在华蛮夷互斗，遵守外国人的法律是为了约束洋人。基辛格隐含地表达，中国落后于西方的不是文化，而是技术。

中国世界秩序观与美国代表的新世界秩序观的第二次遭遇战发生在1949年中国重新统一之后。中国开始形成新的国际秩序观，并且在很大程度上是在向自己学习，尽管天下—朝贡体系本身无从恢复，但中国文明中心论、中国例外论、文化普世观这三个要素还在发挥强大的影响力。

基辛格认为，1949年10月1日的新中国成立意味着，一个基于传统又不同于传统、属于中国和中国人的世界秩序观开始形成。在美国内部激烈争论谁丢掉了中国之际，[①]中国已经明确了对西方的态度：革故鼎新，旧邦新造，"另起炉灶，打扫干净屋子再请客"。先清除殖民主义的残余影响，再与西方帝国主义国家建立外交关系，进而利用自身影响力把世界人民团结起来，在被压迫国家和人民中鼓励世界革命。

出于美苏对峙争霸的"冷战"需求，美国国务卿艾奇逊史无前例地宣布："谁破坏中国的领土完整，谁就是中国的敌人，也是我们利益的敌人。"20年后尼克松才发出了类似观点。[②] 基辛格指出，美国组织所谓"联合国军"发动朝鲜战争的目的，实质上是要迫使中国接受美国的帝国—霸权世界秩序观，即国际秩序需以美国主导的联合国之类国际组织为基础，这是一个没有中国参与构造的国际制度，以毛泽东为代表的中国人不会接受这样一个世界秩序。

因此，在基辛格看来，朝鲜战争的结局并不是中国与美国组建的所谓"联合国军"之间的平局，中国一战立威，不仅极大地制约了美国的对越战略，更重要的是建立了新生的中华人民共和国作为军事强国和亚洲革命中心的地位，建立了中国作为一个令人敬畏的对手的军事威信，并且这一威信一直延续至今，让西方国家不敢对中国轻举妄动。基辛格因此特别强调毛泽东国际思想的贡献不仅在于战略思想，更在于藐视世界强权，敢于走自己道路的坚强意志。[③] 中国由此恢复了文明自觉和文化自信，作为世界上最宏大、最有序、最优越的政体，中国的影响遍及全世界，近代只是暂时落后，现在与未来都不会屈居人下。[④]

至此，两种世界秩序观的第二次遭遇战以中国恢复了自成一体的高度自信告终，中国人开始有了充分运用中国文明中心论的历史遗产，构想并创建新世界秩序的可能性。世界秩序观的冲突，同时也是两大文明体系的冲突。从文明冲突角度理解鸦片战争、朝鲜战争之于中国、之于世界的意义，并从中发现而非摧毁中国文明的连续性，进而主张美国中国合作共治，是基辛格《论中国》的主要创见，也是他与很多"中国观察家"的不同之处。

---

① 邹谠. 美国在中国的失败：1941—1950[M]. 王宁，周先进，译. 上海：上海人民出版社，2012. 基辛格. 论中国[M]. 胡利平，译. 北京：中信出版社，2012：109.

② 基辛格. 论中国[M]. 胡利平，译. 北京：中信出版社，2012：111.

③ 基辛格. 论中国[M]. 胡利平，译. 北京：中信出版社，2012：139.

④ 基辛格. 论中国[M]. 胡利平，译. 北京：中信出版社，2012：157.

三、走向文明复兴：中国对新世界秩序的探求

在对中国文明的同情式理解基础上，基辛格强调新中国60年来毛泽东和邓小平所分别代表的两个时代共性大于差异。① 也就是说，无论是传统时代、毛泽东时代还是邓小平时代，中国都始终坚持中国文明中心论。全书十八章，另有前言、后记各一。全书可分为三个部分，第一章至第三章为第一部分，廓清中国例外论、文化普世观和天下—朝贡体系的内核及其在传统政治时期的历史连续性。第三章为过渡章，表述连续性在外部力量冲击下出现裂痕。第四章至第十一章为第二部分，共八章，表述连续性在毛泽东时代得到重建，中国文明的传统遗产在现代中国复活了。第十二章至第十八章为第三个部分，共七章，表述连续性在邓小平时代得到延续。前言、后记单立，分别指向中国独特性、美国独特性的差异及其未来图景。自始至终，尽管面对截然不同的西方世界秩序，但中国世界秩序观正是靠其独特性得以维系，即连续性因为独特性而延续，没有对自身语言、文化和政治体制自成一体、自成体系的高度自信，就没有中国文明中心论，没有中国独特性，就没有以天下—朝贡体系为核心的世界秩序观。

基辛格认为，尽管毛泽东把中国积弱的原因归结为儒家思想，②但是，毛泽东时代的中国对内重新定义民族特征、对外向核大国发出挑战，对内继续革命、对外延续大同理念，对内与封建历史决裂、对外重塑国际秩序，宣称与过去决裂，却依靠许多传统文化制度，把治国等同于德化教育，几次尝试打碎又不得不重建官僚体系，③努力尝试从天下大乱到天下大治，变乱世为治世。因此，毛泽东从来都不是历史虚无主义者，他从历史先例中寻求满足现实需求的战略，把悠久文明形成的古老战略、政治韬略与中国在西方政治经济秩序中的独立自主相结合，让中国的外交战略具备了人类历史上独一无二的千年视野，④坚持中国例外论，充分运用"三角外交"战略优势，防止针对中国的战略包围，形成了中国式的"一条线"、"进攻性威慑"、"武装共处、威慑和平"⑤等立足千年传统指导现实的大战略，在面对外部压力的时候，毫不畏惧，坚定维护中国的独立自主。

新中国成立60多年来，中国在上述各种对外战略思想的基础上，探索建构新的世界政治经济秩序，这一探求至今尚未结束，还没有形成清晰明确的新世界秩序观，但整个过程中国一贯坚持独立自主、自成一体。美国在"冷战"期间为了国家利益与中苏两大共产党国家保持对话，营造国际均势。在"冷战"结束后，致力于在全世界建构帝

---

① 中国例外论在不同时期有不同的表现，但共性大于差异。参见张锋．"中国例外论"刍议．世界政治与经济，2012(3)：82-104.

② 基辛格．论中国[M]．胡利平，译．北京：中信出版社，2012：89.

③ 基辛格．论中国[M]．胡利平，译．北京：中信出版社，2012：88.

④ 时殷弘．当代中国的对外战略思想：意识形态、根本战略、当今挑战和中国特性[J]．世界经济与政治，2009(9)：18-24. 时殷弘．武装的中国：千年战略传统及其外交意蕴[J]．世界经济与政治，2011(6)：4-33.

⑤ 文化共处依赖武装共处，这是毛泽东的战略思想。参见基辛格．论中国[M]．胡利平，译．北京：中信出版社，2012：174-194.

国—霸权体系。中国坚持独立自主，挑战美国对世界秩序的主导与支配。[①]

基辛格坚持，尽管还不那么清晰，中国的新世界秩序观正是建立在中国文明的上述各种传统遗产与现实政治形势相结合的基础之上，中国对新世界秩序的探求自主又立足长远。中国人善于从历史角度考虑问题，中国人有能力也有必要比西方人想得更长远。[②] 中国人考虑的更多是大局，是互相信任、互相尊重。中国对国际事务的看法必将是独特的，不会遵循美国的帝国—霸权世界秩序观，也不会坚持中国传统的天下—朝贡世界秩序观。中国只求各国平等，不炫耀武力，不惧怕压力，即使所有可能的敌人一起围攻中国，中国也不怕。这一切，都根源于中国人对自己维护中国文明历史连续性的高度自信，在这个意义上，中华民族的复兴更是中国文明的复兴。

很明显，基辛格既不同于盲目乐观的唱衰论者，也不同于"冷战"思维的捧杀论者，甚至不同于和自己同处一个战壕的现实主义观察家。他不相信中国即将崩溃，也不主张武力遏制对抗，文明冲突不是某个未来图景而是残酷的过去，也不是以文化多元主义的同情眼光惊叹中国文明曾经多么风光无限、独领风骚，他希望美国人、西方人认真对待中国，正视另一种生活方式、社会制度、政治模式和世界秩序的巨大可能性和强大生命力，只有平等合作的视角，才能更好地调适中国文明与美国所代表的西方文明之间的关系，也只有如此，才能构想未来世界秩序。认真对待中国，既要认真对待中国传统，又要认真对待中国革命，还要认真对待中国改革，这与美国第一代中国研究者一脉相承。但在强调中国文明从古至今自成一体方面，则有别于"冲击—反应"模式的创立者费正清，亦不同于受帕森斯结构功能主义影响的傅高义，他强调新中国努力建构的现代社会与传统因素存在很大的隔阂和对立。

在对中国与西方两种世界秩序观的历史遭遇做了一番社会科学化的还原与理解之后，基辛格主张，未来的中美关系应避免 20 世纪英德式的对抗，中美之间和为贵，合作共建太平洋共同体。[③] 当然，作为美国国家长远利益的坚定捍卫者，基辛格构想的太平洋共同体是美国版的，正如大西洋共同体是以美国国家利益为主导一样，所谓太平洋共同体当然也是以美国为主导的，即所谓"美中共治"的太平洋共同体，实际上是美国主导、中国配合的主从关系结构。正是在这里，基辛格似乎忘记了他本人的警言，忽略了中国人长期以来所坚持的自成一体、自成体系。

不过，基辛格向我们展示了两种独特性、两种普世观和两种世界秩序观，同时也是内外有别的两个中国与两个美国，这两个体系都有自己的连续性，中国的连续性比美国更长，美国常常需要把自己的历史、文化、语言、体制渊源引向三千年前的古希腊、古罗马乃至整个西方。自外于世界不等于自绝于世界，没有对自身文明的高度自信就不可能建立相对于外部世界的光荣孤立，没有对自身文明的高度自信同样也不可能自主地接触外部世界。中国与美国，一个是文明天命观、一个是宗教天命观，一个是中国中心论的文化价值观、一个是上帝选民式的宗教价值观，一个独特性以文化为实质、一个

① 基辛格. 论中国[M]. 胡利平，译. 北京：中信出版社，2012：302，307，316.
② 基辛格. 论中国[M]. 胡利平，译. 北京：中信出版社，2012：240.
③ 基辛格. 论中国[M]. 胡利平，译. 北京：中信出版社，2012：502-518.

独特性为实力为实质,一个是围棋战略、一个是象棋战略,一个是进攻型心理威慑,一个是先发制人武力征服、围堵、遏制,一个是天下体系、一个是霸权体系。

对今天的人们而言,理解中国已经变得比理解西方更为重要,理解中国与世界的过去至少与理解中国与世界的现在同等重要,不理解过去就无法塑造未来,只有回到过去才能开辟未来。呼吁美国人、西方人正视中国文明的历史连续性、中国独特性、内敛性文化普世观和世界秩序观的政治与文化根源,正视中国文明的自成一体、自成体系,正视中国人对自身文明的高度自觉、高度自信及维护文明连续性的坚定意志,或许是基辛格《论中国》之于未来的最大贡献。很明显,这一点同样值得我们自身正视和慎思。

市场形成的相关思考
——兼评《市场的社会逻辑》

李拂尘*

上海:上海三联书店,2013,285页,39元　ISBN:9787542641236

一、为什么研究市场形成

人是自私而贪婪的,市场经济的活力即在于发挥人的本性,提高经济效率。然而,就市场活力的争论从古至今从未休止。老子治国理想是“甘其食,美其服,安其居,乐其俗。邻国相望,鸡犬之声相闻,民至老死,不相往来”①,可视为反市场的代表人物。司马迁的看法截然相反,他通过批判老子表达自己的经济思想。《货殖列传》开篇语为:“老子曰:至治之极,邻国相望,鸡狗之声相闻,民各甘其食,美其服,安其俗,乐其业,至老死不相往来。必用此为务,挽近世涂民耳目,则几无行矣。必用此为务,挽近世涂民耳目,则几无行矣。”②意为追求这样的社会形态,放在现代社会,就是遮蔽百姓眼睛,堵塞百姓耳朵,是行不通的。其后,他道出了至今依然振聋发聩的惊天之语:“太史公曰:夫神农以前,吾不知已。至若诗书所述虞夏以来,耳目欲极声色之好,口欲穷刍豢之味,身安逸乐,而心夸矜埶能之荣使。俗之渐民久矣,虽户说以眇论,终不能化。故善者因之,其次利道之,其次教诲之,其次整齐之,最下者与之争。③”“终不能化”四字,可谓道尽了人性之私难以根除的本性。更令人钦佩的是,他深刻地指出政府的五种治理观:最高级别是“善者因之”,即顺应人性,尊重民间的商品生产和市场交易活动,政府当好推手;第二级别是“利道之”,即通过投资和产业政策,引导经济向政府希望的方向发展;第三级别是“教诲之”,即通过道德教育,规范经济活动主体的行为;第四级别是“整齐之”,即通过法律、政策,约束经济活动主体的行为;最低级别是

* 清华大学公共管理学院博士研究生。通信地址:清华大学公共管理学院,100084;Email:lifuchen2008@126.com。

① 《道德经》,第八十章。

② 《史记》,卷一百二十九、列传第六十九。

③ 《史记》,卷一百二十九、列传第六十九。

"与民争利",即国家直接参与微观经济活动,抢老百姓的饭碗。时至今日,这仍是我们讨论政府与市场关系时经常涉及的核心议题。

新中国成立后,探索仍在继续。7 年时间,新中国完成社会主义改造,全面取缔市场,进入计划经济的探索时期。当"整个国家在曾经笃信不移的社会主义金光大道上艰难匍爬[①]"时,新中国的领导人不得不开始思考新的发展道路。2013 年 11 月,《中共中央关于全面深化改革若干重大问题的决定》发布,中共中央如此阐述其对市场经济的最新认识:"经济体制改革是全面深化改革的重点,核心问题是处理好政府和市场的关系,使市场在资源配置中起决定性作用和更好发挥政府作用。市场决定资源配置是市场经济的一般规律,健全社会主义市场经济体制必须遵循这条规律,着力解决市场体系不完善、政府干预过多和监管不到位问题。"60 余年的探索表明,新中国走过了一条从"不相信市场"到"尝试选择市场"再到"放心使用市场"的道路。

"政府决心管好自己的手,管好自己该管的事情,其余的交给市场处理",是中国政府当前的态度,其从本质上回答了"谁来管理市场"的问题。然而,放手让市场自我管理、激发市场主体活力并不意味着万事大吉,市场需要秩序,"让市场在资源配置中起决定性作用"建立在一系列前提条件之上,比如产权受到保护,政府履行监管义务,社会独立自主。然而,健全的市场环境并不会自动形成,市场形成[②]是一个历史过程,它嵌入在所处地域、时代的社会结构中,并在很大程度上受政治环境及其他因素的影响。"市场从何而来、如何形成"是研究市场经济永远绕不开的话题。

二、符平如何研究市场形成

《市场的社会逻辑》是由符平博士的博士论文整理成书。该论文为社会学界第二篇获"全国优秀博士学位论文奖"殊荣的论文。作者从经济社会学的视角讲述惠镇石灰行业的历史变迁,探索真实市场如何运作。其研究的"市场秩序何以可能"[③]的问题便是市场形成的问题。客观地说,"市场从何而来"很少被当作一个专门的理论问题研究。学界的一些研究视角有助于对这个问题的理解:①古典经济学视角,其认为市场是所有人为追求自我利益而在无意识中逐渐和共同创造出来的,它是人类活动的结果,而非人类刻意设计或建构的产物。②经济社会学视角,经济社会学从嵌入性出发,把网络[④]视为一种组织形式,与市场、等级[⑤]并列,就市场观而言,其认为市场是嵌入社会的,但在嵌入程度上,不同学者有不同的看法。③政治(制度)经济学视角,其中有助于理解市场形成的流派主要有理性选择政治经济分析和理性选择制度主义[⑥]。理性

---

① 罗纳德·哈里·科斯. 变革中国——市场经济的中国之路[M]. 北京:中信出版社,2013:31.

② 市场形成是一个综合概念,它既包括市场环境的形成,也包括市场形态的形成。

③ 符平. 市场的社会逻辑[M]. 上海:上海三联书店,2013:12.

④ 市场、等级与网络三种组织形式的比较详见表 1。

⑤ 国家与企业都属于等级形式。

⑥ 朱天飚. 比较政治经济学[M]. 北京:北京大学出版社,2006.

选择政治经济分析将政府视为理性人，由此分析政府“反常”行为[①]背后的逻辑。理性选择制度认为制度是人有意识的思考和行为的结果，而制度反过来又影响人的行为。

表　经济组织形式典型化比较[②]

	组织形式		
主要特征	市场	等级	网络
规范基础	契约、财产权	雇佣关系	力量互补
沟通方式	价格	常规	关系
冲突解决方法	讨价还价、法院强制	行政命令、监督低	互益规范、尊重平等
弹性	高	低	中等
成员间承诺的数量	少	至多中等	至多中等
风气或气候	精确、怀疑	正式的、科层的	开放、互益
行动者意愿或选择	独立	依附	相互依赖

在《市场的社会逻辑》一书中，作者首先从嵌入性视角下的“市场—社会关系”出发，将关于市场的学术观点列在一个知识的连续统中。新古典经济学处于一极，是社会缺席的，实体嵌入的市场观将市场视为社会的有机组成部分，处于另一极，在这两极之间的是新制度主义经济学和形式嵌入的市场观。新制度主义经济学通过交易成本的分析框架，将社会、政治规则引入分析。格兰诺维特形式嵌入观则认为市场受社会因素的影响和制约，但并非社会的有机组成部分。其强调经济与关系网络不可分离，却忽视了政治、文化和制度因素对经济行动的影响。

图1　市场观的连续统[③]

以此为基础，作者提出了一个扎根于经验世界而又具有相当抽象程度的统一分析框架：“政治—结构框架。”所谓“政治”，即强调国家角色和权力机制在市场中的作用。“显结构”是影响经济的正式组织和制度，如政治体制、经济制度、行业协会等，“潜结构”是被经济活动者普遍认同的、主观而虚拟的要素，如经济理念、关系文化、未成文的行规等。需要指出的是，许多显结构要素常常被当作形式主义理解，尽管潜结构要素对人们的影响是非正式的，但在大多数场景下反而被相当正式地执行着。完成概念定义后，作者即以“政治”和“结构”为自变量，展开对惠镇石灰行业历史变迁的分析。在实证分析的四章，本文仅选取其中的两个案例，用以说明“政治—结构”框架的分析

① 罗伯特·贝茨所著的《热带非洲的市场与国家》是理性选择政治经济分析的经典之作。
② 张其仔．新经济社会学．北京：中国社会科学出版社，2001：192.
③ 符平．市场的社会逻辑[M]．上海：上海三联书店，2013：37.

过程。

案例一：从无序竞争走向协调竞争的原材料市场。

故事：惠镇石料市场在2002年成立行业协会之前，一直深陷恶性竞争状态之中，生产厂商之间“挖墙脚”、恶意降价、赊销、利用黑社会势力争夺客户，绝大多数厂商没有利益保障，缺乏安全感①。无序竞争致使自身利益受损的局面引起了一些石料厂厂长的反思，但“谁也不愿意带这个头”②。后由镇政府领导粟顾晟牵头，厂长们一致达成了“联合成立惠镇石灰岩开发协会的协议”，企业相互监督，协会控制炸药。虽然协会是由石料厂商们自愿组建的，但协会在厂商那里的权威却主要源于对石料生产所必备的爆炸物炸药的控制③。

分析：石料厂商对无序竞争的后果形成了切肤之痛的共同体验，达成了需要结束无序竞争局面的共识，并基于此调整了他们的经济策略④，但“搭便车机制”使得共识并不必然促成协会的产生，基于经济发展和地方社会稳定的考虑，政府在协会成立和协会运行中起了重要作用。石料市场稳定秩序的形成，是厂商们的“共识”和政府权力两股力量交织在一起，并通过协会的中介协调和运作共同起作用的结果，厂商的商业竞争观、政府权力和行业协会三股力量缺一不可⑤。石料市场良性竞争秩序的形成嵌入政治和关系网络之中。

案例二：生产模式从土石灰窑到环保石灰窑。

故事：尽管石灰是惠镇的传统优势产业，但土石灰窑对环境的污染极为严重，土石灰窑生产模式的外部性问题一直都很突出⑥，部分当地居民一直上访，要求政府关闭土石灰窑。然而，关闭土石灰窑会使许多工人失去工作，引发不稳定因素，政府一直未做出实质性的裁决，土石灰窑关停往复。直到2008年，在土石灰窑面临生存危机时，环保石灰窑悄然引入。县政府召开强制关闭动员会，准备从此终结惠镇石灰产业土石灰窑生产模式的历史，灰老板们群情激愤，超过一半的灰老板认为这是环保石灰窑为争夺石灰市场向政府施加影响的结果。

分析：土石灰窑的生产模式在历史上曾与当地当时的经济社会结构匹配，而当下惠镇的产业结构已经发生了巨大变化，传统的“水泥＋石灰”的工业格局已经改变，多元化的产业新格局已经形成，土石灰窑生产模式必然让位于已基本适应于当今经济社会结构的环保石灰窑生产模式。另外，惠镇政府的经济发展理念发生了变化，惠镇政府原先以牺牲环境为代价、片面追求经济增长的发展理念，已经开始转向环境资源、经济与社会协调进步的可持续发展理念⑦。

通过“走向协调竞争的原材料市场”和“进入环保石灰窑生产模式”两个案例可以

① 符平. 市场的社会逻辑[M]. 上海：上海三联书店，2013：71.
② 符平. 市场的社会逻辑[M]. 上海：上海三联书店，2013：94.
③ 符平. 市场的社会逻辑[M]. 上海：上海三联书店，2013：71.
④ 符平. 市场的社会逻辑[M]. 上海：上海三联书店，2013：106.
⑤ 符平. 市场的社会逻辑[M]. 上海：上海三联书店，2013：106.
⑥ 符平. 市场的社会逻辑[M]. 上海：上海三联书店，2013：109.
⑦ 符平. 市场的社会逻辑[M]. 上海：上海三联书店，2013：138.

看出，优胜劣汰的“丛林法则”不是唯一的生存法则，市场也可以通过合作而非淘汰达成均衡。在技术模式的演变过程中，高效率模式的胜出也并非市场的“自然法则”，同样取决于市场特定的政治——结构条件①。

三、市场形成的相关思考

符平通过对惠镇石灰产业的研究，从经济社会学的视角阐述了市场的社会逻辑，然而，仍有一些问题失去了应有的关注。在“从无序竞争走向协调竞争的原材料市场”案例中，厂商基于利益驱动形成共识，但“搭便车”机制使得共识并不必然促成协会的产生基于经济发展和地方社会稳定的考虑，政府在协会成立和协会运行中起重要作用。那么，惠镇政府为什么选择介入？在“生产模式从土石灰窑到环保石灰窑”案例中，作者提到土石灰窑的生产模式曾与经济社会结构匹配，但必然让位于已基本适应于当今经济社会结构的环保石灰窑，同时，惠镇政府的经济发展理念发生了变化。那么，经济社会结构为什么会变化？惠镇政府的经济发展理念又因何变化？

作者的分析框架为“政治—结构框架”，以“政治”和“结构”为自变量分析惠镇石灰行业的历史变迁，或者说是惠镇石灰市场秩序的形成，故花了大量篇幅描绘政府的积极作为和惠镇经济社会结构的变化，而对于惠镇政府的行为逻辑和惠镇经济社会结构变化的原因关注有限。在“从无序竞争走向协调竞争的原材料市场”案例中，作者借用了刘世定在一项关于苏南商会的研究中所做的分析，解释惠镇政府的行为动机。协会的成功运作会使政府在诸多方面受益，在乡镇政府的收益函数中，经济发展和地方政治状况(维持社会和政治稳定)是两个基本变量，乡镇政府在经济发展和地方政治状况上的二元目标，决定了其会持续地介入行业协会和厂商行为的管制②。在“生产模式从土石灰窑到环保石灰窑”案例中，作者提到惠镇政府对诸多新兴企业倾注了政策优惠和其他各种支持，着力打造新的跑马坡工业小区，扶持发展新兴产业，且已取得较为显著的经济和社会效益③。在这种背景下，惠镇经济对于土石灰窑的依赖程度大大降低，才有了彻底关闭土石灰窑的动机。显然，惠镇经济社会结构的变化与惠镇政府四处招商引资、建设产业园区、调整产业结构的积极作为密切相关。起初，惠镇政府为了经济发展和社会稳定介入协会建立；其后，惠镇政府又为稳定就业对土石灰窑迟疑反复；再后，惠镇政府积极调整产业结构，潜移默化中砍掉了土石灰窑的生存根基④；如今，惠镇政府又“转变发展理念”，追求绿色增长。惠镇政府政策调整的频率不可谓不高。这一系列转变的核心逻辑是什么？是制度，是游戏规则。如果说制度是社会游戏

---

① 符平．市场的社会逻辑[M]．上海：上海三联书店，2013：146.

② 符平．市场的社会逻辑[M]．上海：上海三联书店，2013：107.

③ 符平．市场的社会逻辑[M]．上海：上海三联书店，2013：141.

④ 土石灰窑的生存根基即惠镇经济和就业对土石灰窑的依赖，戒掉这些依赖，惠镇政府就可以放心大胆地关闭土石灰窑。

的规则,那么个体和组织就是社会游戏的角色①。个体和组织都是在制度②的约束和影响下作出选择,这些选择既可能直接反作用于制度变迁,也可能通过影响经济社会结构的方式间接地对制度产生影响。相似地,个体既直接在制度的约束和影响下作出选择,也会在制度、选择互动所塑造的经济社会结构的约束和影响下选择。因此,制度、选择与经济社会结构是一个循环作用的统一体。也就是说,在这个理论框架中,"制度"、"选择"和"经济社会结构"均是内生变量,相互作用,相互影响。

回到本文探讨的问题,符平研究的市场形成主要是市场形态的形成,即从历史变迁的角度讨论惠镇石灰市场为何是现在这样。市场形态从属于经济社会结构,因此,在研究市场形态的某一特征时,它既是因变量,也是"制度—选择"的循环机制中的一环。为说明"制度—选择框架"的运行机理,我们再次重读"生产模式从土石灰窑到环保石灰窑"的案例。2008年之前,经济形势整体向好,民众提高物质生活水平愿望强烈(宏观经济社会结构),中央遂以经济发展指标为指挥棒,引导各地展开县域经济竞争(制度)。惠镇政府抓住时机打造跑马坡工业园区(选择),惠镇的产业结构发生变化,多元化产业结构形成(中观经济社会结构);与此交叉,在经济发展势头强劲之际,环境问题越来越受到重视(宏观经济社会结构),全党进入深入贯彻落实科学发展观的新阶段(制度),就惠镇而言,环保石灰窑悄然引进,清洁环保、发展空间大,土石灰窑也已失去惠镇经济、就业支柱地位(中观经济社会结构),于是,惠镇政府作出了新的选择(选择):转变经济发展理念,由原先以牺牲环境为代价、片面追求经济增长的发展理念,转向环境资源、经济与社会协调进步的可持续发展理念。结果是,惠镇石灰市场生产模式发生嬗变:土石灰窑生产模式转型为环保石灰窑生产模式。

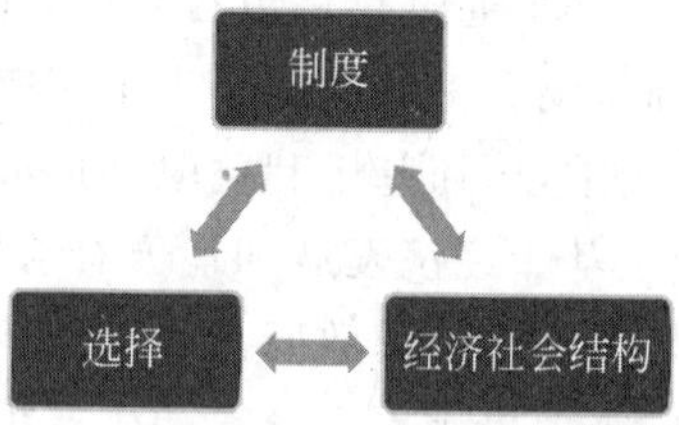

图2 "制度—选择框架"示意图

① 卢现祥. 新制度经济学[M]. 武汉:武汉大学出版社,2004:112.
② 制度可分为两大类,即硬制度(正式制度)和软制度(非正式制度)。

探寻本土的政策科学之路
——评《利益博弈政策实验方法：方法与应用》

何鉴孜*

北京：北京大学出版社，2012，261 页，36 元，ISBN 9787301188279

中国的崛起离不开"中国式"的政策途径以及政策智慧。面对当前艰巨的改革形势与宝贵的发展契机，国内政策科学界需要有更大的学术担当和实际作为。回顾本领域过去的发展，我们在解释与分析本土政策问题时还多受制于西方的学术话语和理论视角，这也引发了学者对于本土研究"和中国的政治决策规则等实际经验过于脱节"，"多数政策研究目前还只能局限于个案式的研究，并且在研究方法上也难以模型化和形式化"的忧虑。① 回归本土情景、探索原创方法是当前我们需要大力倡导的。

与此同时，我们也面临一个世界性的问题：实证研究与规范研究的分裂格局极大地削弱了政策科学对于政治生活的影响力。现实中，实证领域的研究者多为经济学或理工学科背景出身，较关注经验事实的求证与政策方案的优选；规范领域的研究者多为政治学或人文学科背景出身，更关注公共政策的政治背景与社会价值。不同研究取向的学者就各自擅长的方面对公共政策发表意见，但相互之间却缺少有效的沟通对话。这种分裂的格局使研究者对政策问题的看法多局限在个人的学科范围内，很难从全局的视角对公共政策进行深入系统的研究和考量。正如海涅曼等人指出的那样："为了向政策过程提供真正有用的素材，理解并考察某个问题所涉及的各种不同规范性议题是政策分析师所面临的最艰巨的任务。"②

如何基于特殊的国情进行公共政策分析工作？如何跨越不同领域专家的学科边界从整体上认知政策问题？《利益博弈政策实验方法：方法与应用》一书对此进行了有益的探索。在书中，作者提出了一种新方法——"基于利益博弈和综合集成支持的公共政策实验方法"(以下简称"政策实验方法")。与传统意义上基于真实场景的"政策

* 北京理工大学管理与经济学院、公共政策实验室/公共冲突解决研究中心研究助理。通讯地址：北京市海淀区中关村南大街 5 号院北京理工大学管理与经济学院，100081，E-mail：hjizi37@126.com。

① 赵德余. 政策科学研究缘何进展缓慢？——兼评王绍光和张秀兰等有关政策研究的若干文献[J]. 社会科学，2010，9：12-22.

② 罗伯特·海涅曼，等. 政策分析师的世界：理性、价值观念和政治[M]. 北京：北京大学出版社，2011：29.

试点”、“社会实验”以及基于计算机技术的系统动力学仿真不同,政策实验是一种在实验室条件下由真人模拟政策辩论协商的方法。实验的主要参与者是利益相关方的代表。在辩论协商过程中,每方代表均会得到一个由领域专家、政策分析师和技术支持人员组成的专业团队提供的全面支持。整个实验过程主要包括参与各方的利益表达、利益博弈、利益协商以及模拟政策执行等环节。最终,实验的组织者通过对全过程的观察与思考撰写实验报告和政策建议。

全书共分三个篇章,第一篇阐述了政策实验方法的问题情景、理论思想以及具体操作过程,第二篇结合模拟价格听证与角色模拟教学两个实例介绍了该方法当前的实践探索,最后一篇则从更宏大的学术视角对该方法的理论意义进行了审视,并在西方政策分析范式转向的大背景下展望了该方法的未来。

一、利益分析对本土政策科学的重要性

本书在一开始就对中国公共政策制定的特殊情景进行了讨论,并把相关问题归纳为:利益分化和利益冲突加剧、利益表达与博弈机制的非制度化及失衡、利益协调机制缺位、利益汇集和政策论证低组织化、政策分析能力严重不足以及“上有政策、下有对策”问题。① 上述六条里除“政策分析能力严重不足”主要涉及国内政策科学发展与智库建设的滞后外,其余各条都共同指向了当前体制对于社会利益多元化现实的不适应。这正是国内政策研究者必须非常重视的一个问题。

与西方发达国家相比,中国目前的公共政策制定过程缺乏有效实现利益表达、利益博弈、利益协商和利益聚合的稳定机制。从社会层面看,由于各类社团组织整体发育水平较低,进行政治参与的空间有限,加之人大、政协这些具有代议性质的机构与普通民众的距离相对较远,反映公民利益的诉求并不容易及时被政策制定者感知。在缺乏其他外在因素助力的情况下,来自民间原本合理的政策建议也可能由于公民组织能力的不足而无法对实际的公共生活产生影响。从政治架构看,不同的利益群体以及不同的政治立场在现行制度内缺乏固定的代言人或代言组织为其进行辩护与倡导,同时也缺少相对公开透明的博弈平台供不同群体就特定议题展开谈判与协商。政策咨询机构多只能从问题的事实层面与具体方案的技术层面对公共政策提出建议,余下的权衡与决策成为一个普通人难以深入了解的黑箱。

国家的制度变迁是一个复杂的历史进程,其间会涉及太多的不确定和太多的波折反复,不在本文的讨论范围之内。但就公共政策自身的规律而言,我们需要学习和借鉴西方发达国家的相关模式,重视社会利益的多元性问题,建设有效连接普通公众与决策机构的利益表达和协商机制。本土化的政策科学想有更大的作为,就必须能够在此问题上为政策制定者提供更多的帮助。

---

① 李亚.利益博弈政策实验方法:方法与应用[M].北京:北京大学出版社,2011:23-38.

事实上，在过去的十余年时间里，不少学者都曾呼吁重视公共政策中的利益问题。[①] 把利益因素作为公共政策分析里所要重点研究和考量的内容似乎已无争议。然而利益毕竟是一个涉及主客观各种因素的复杂范畴，并不像事实问题那样直观和明晰。反映在公共政策问题中，利益的难以分析性突出体现在：①公众的利益是高度分化的，并且相互之间往往存在不同程度的分歧与矛盾；②利益本身关涉许多不同质的因素（如安全、健康、富裕等），难以进行准确的量化和比较；③利益是内在的而不是外显的，对利益的研究必须建立在对当事人有充分了解的基础上；④利益是模糊的和有待澄清的，即使是当事者本人也可能对自身的利益缺乏准确的认识和表述，认清利益有时需要借助知识与智慧。因此，要对利益问题进行分析，政策研究者需要采用不同于传统实证分析的新方法。

政策实验方法正是这样一种新方法。它要求政策研究者以实验组织者的角色主动进入所要研究的问题情景中，参与和体验特定政策背景下公众特别是利益相关群体之间的利益表达与沟通对话，以此作为知识的来源。在政策研究者的引导下，政策实验参与者按照“认识利益格局—揭示利益冲突之源—寻求利益协调之道”[②]的学习模式共同深入理解利益与政策问题，一起探索合理的解决方案。这种“局内人”式的知识获得路径既代表了新近崛起的后实证主义/后结构主义的思想潮流，也被学者认为是发现“中国性”问题、建设本土公共行政学的重要途径。[③]

二、从“割据”到“沟通”的政策分析

“局内人”式的知识获得路径以及其背后的后实证主义思潮不仅为利益分析提供了一种解决思路，更为重要的是，它为跨越实证研究与规范研究在方法论上的鸿沟、重新架起联系各领域学者的沟通桥梁提供了可能。

如果说传统的实证主义范式以权力和知识权威为中心，主要依赖理性推理形成政策知识的话，那么后实证主义则强调分析者身份的社会共享，关注政策知识本身的社会建构过程。[④] 这一转变意味着，政策研究的结论并不是由特定理论、特定方法模型所推演产生的，而是基于多元视角、多元利益背景下群体之间的共同讨论。在这个过程中，实证研究者可以为自己支持的论点提供证据，规范研究者可以为自己主张的建议阐述理由，但专家们的观点陈述只是影响这场辩论的一个因素，最终辩论的走势是由多方博弈协商决定的。

这样的政策分析方式多少可视为是对现实政治过程的一种模拟。以政策实验方法为例，在书中，作者将该方法与美国国会的政策制定过程进行了一个对比：实验参

① 例如：陈庆云．关于公共政策分析的理论思考[J]．北京大学学报（哲学社会科学版），1995(6)：72-77．全永波．公共政策的利益层次考量以利益衡量为视角[J]．中国行政管理，2009(10)：67-69．

② 李亚．利益博弈政策实验方法：方法与应用[M]．北京：北京大学出版社，2011：79．

③ 何艳玲．中国公共行政学的中国性与公共性[J]．公共行政评论，2013(2)：11-21．

④ 刘兆鑫．利益-风险：面向风险社会的公共政策分析[J]．中国行政管理，2012(8)：115-119．

与者的角色类似代表特定群体参与国会辩论的议员。现实中,议员的工作离不开一个庞大、多层次的专业支持团队为其提供支持。除了议员个人的立法助理外,国会两院的各个委员会、国会研究服务处、国会预算办公室等机构以及外部智库和游说者均会为议员提供各类资料证据,帮助其更好地进行政策倡导。而在政策实验中,每一方参与者都会配备有一个由专业政策分析师、领域专家和技术支持人员构成的团队为其提供智慧、知识与数据方面的支持,保证政策实验中的博弈协商以科学事实与理性思辨为基础。而最终,与国会辩论相似,政策实验里利益博弈协商的结果取决于多方的角力与互动。①

可以看出,伴随实验的推进,各种实证与规范领域的研究内容都可能被包络进来,各个利益相关方会积极地调动自己所掌握的各种资源,各领域各维度的研究结论将会被放在一个更广阔的视域范围内接受审视,矛盾的论据与主张在相互碰撞中将有机会被重新检验与评估,参与者亦可能在此过程中全面转变原先的立场和主张。正如 William Dunn 所指出的,相互辩论是澄清事实、探寻共识的有效途径,只有经受得住各种诘难考验的观点才能被视为是可靠的。② 这种将知识与理论放回政策问题原本的情景中、通过公众参与的对话探寻答案的实践辩论逻辑不仅有望使政策科学获得一个统一的理论框架,③有益于我们更深入地探寻社会民主与专家理性之间的平衡。④

三、政策实验方法操作层面的评析

作为一种面向现实需求的应用工具,政策实验方法就操作层面而言同样可以为公共管理与公共政策的研究者和实践者所借鉴。

例如,政策实验方法对利益相关方代表如何展开政策对话进行了明确的程序性规划,主张利益相关方代表先表达、再博弈、最后基于利益(interest-based)而不是基于立场(position-based)进行协商。各方首先公开阐明观点立场,使政策制定情景中的利益格局与观点争论得到初步呈现;随后各方在其专业团队的支持协助下开始对他人的观点展开质疑,对己方的观点进行澄清与论证。就此多回合的博弈与会商拉开帷幕,各方观点将可能被不断修正,参与者的认识也会不断深化。在此基础上,政策研究者将引导各方转变思维方式,从己方原本死守的立场识别出真正的利益,按照"共赢"的原则进行创造性思考,提出、评估和确定具体措施,最终通过利益协调确立政策共识。为确保上述各环节的顺利实现,作者也对如何制定利益表达与博弈的相关规则、如何有效生成创造性的问题解决方案、如何协调多元利益并拓展共赢空间等关键问题提供

① 李亚. 利益博弈政策实验方法:方法与应用[M]. 北京:北京大学出版社,2011:60-61.

② William Dunn. Policy Reforms as Arguments[G]//Frank Fischer, John Forester. The Argumentative Turn in Policy Analysis and Planning. Durham, NC: Duke University Press, 1993: 254-290.

③ Peter Deleon. Reinventing the Policy Sciences: Three Steps Back to the Future[J]. Policy Sciences, 1994, 27(1): 77-95.

④ Frank Fischer. Democracy and Expertise: Reorienting Policy Inquiry. Oxford: Oxford University Press, 2009: 1-9.

了更为详尽的指导建议。[①]

这套操作流程是将国外基于利益协商(IBN)框架以及协商民主方法等知识素材与政策分析进行有意识结合的产物。其化解分歧、凝聚共识的思路浸润了西方冲突解决学科多年积累的理论结晶，而这些资源恰恰是当前国内公共管理领域的实践者里所急需的东西。正如本书所指出的，尽管现实中公共参与的需求不断膨胀，我国政府在如何组织公共参与方面却存在明显的能力缺陷。在一些与政策制定相关的公共参与中，囿于共赢机制的缺乏，参与反而激化了矛盾，公众越参与越愤怒，而政府对待公共参与的心态也就越发消极，最终造成双输的局面。[②] 在目前国内政策制定、城市规划以及社区治理的相关公共参与实践中，政策实验方法应当是大有可为的。

遗憾的是，该方法的有效性还有待进一步的实证。书中关于"方法应用"的讨论局限在纸面上的"模拟价格听证"设想以及由在校师生参与的案例模拟尝试上。[③] 而在现实生活中，这套方法究竟能取得何种成效尚未可知。

事实上，尽管政策实验方法在理论框架上已相对成熟，但一些地方仍难免让人心存疑虑。比如，开展政策实验的重要前提是对利益相关方的甄别和相关代表的选取，然而就如何准确有效地确定利益相关方作者并没有给出足够的指导建议。正如前文所述，利益本身是内在的、模糊的和有待澄清的，政策实验况且需要通过多环节博弈协商才能揭示问题全貌，政策研究者如何从一开始就准确无误地确定参与实验的利益相关方？这似乎在逻辑上陷入了一个悖论。如果利益相关方的甄别出现问题，这在多大程度上会影响实验的效果？政策研究者如何在随后的过程中进行有效的调整与补救？再如，与其他公共参与实践一样，政策实验的质量有赖于参与者的实际表现。高质量的政策商讨要求参与者做到真诚、切合情景、主动和有实质性的贡献，[④]对此政策实验的组织者只能力求却无法保证，这给政策实验方法的实际成效带来了不确定性。当然，上述问题只有通过真实场景下的实践才能得到验证与解答。

四、结　语

通过对政策实验方法基本思想的梳理，我们容易看到今天政策分析两条道路的分野：一条由传统的实证主义政策分析所代表，强调专家在特定领域的精耕细作，试图寻找特定领域政策问题的最佳解决方案，并通过科学理性全面地塑造社会；另一条路就如同政策实验方法所呈现的那样，把舞台交给公众，让政策分析进一步向公共参与和多元治理靠拢。政策研究者只是在调动资源搭建一个合作的平台，并用规则去维护一个不同人群可以自由、平等协商的机制。余下的事就是交给参与者自己去寻找问题的解决方案。

---

① 李亚. 利益博弈政策实验方法：方法与应用[M]. 北京：北京大学出版社，2011：88-108.

② 李亚. 利益博弈政策实验方法：方法与应用[M]. 北京：北京大学出版社，2011：4.

③ 李亚. 利益博弈政策实验方法：方法与应用[M]. 北京：北京大学出版社，2011：132-169.

④ 王巍. 西方公共行政中的公民参与：经验审思与理论进展[J]. 公共行政评论，2010(2)：163-191.

从世界范围看,政策实验方法所代表的道路与后实证主义的转向是吻合的。正如该理论的倡导者所指出的:过去秩序井然、结构清晰的社会管理体系正在解体,一个开放、多元、不稳定且彼此关联的网络社会初见端倪。在权威被解构、不确定性日益加剧、信任与协作愈发重要的今天,公共政策的复杂性超越了专家与官僚组织能够驾驭的范畴,民主参与和公共协商成为必然的选择。① 即使我们站在整个公共管理学科的角度也不难发现,今天越来越多的研究者和实践者不再一味地迷恋管理技术,转而更多地关注如何激活社会,鼓励参与,促进合作,进而使公共管理真正成为一项"公共"的事业。

从这个意义上讲,《利益博弈政策实验方法》一书不仅是将国外公共参与方法、冲突解决技术系统应用到本土政策制定情景的开拓性尝试,在沟通中西方的理论实践、探索本领域的前沿发展方面亦有所贡献。

① Maarten Hajer, Hendrik Wagenaar. Deliberative Policy Analysis: Understanding Governance in the Network Society[M]. Cambridge University Press, 2003.